Inhaltsverzeichnis

Einleitung *Seite 9*

I. Die historischen Rahmenbedingungen

Vorspiel: Ägypten und die ägyptische Welt im 2. Jahrtausend v. Chr. *Seite 13*

2. Die Saïtenzeit *Seite 15*
3. Die Perserzeit *Seite 17*
4. Die frühe Ptolemäerzeit: die Griechen als Befreier *Seite 18*
5. Die späte Ptolemäerzeit: die Griechen als Besatzungsmacht *Seite 21*
6. Griechen und Ägypter in der römischen Provinz Ägypten *Seite 22*

II. Geschichte und Texte *Seite 24*

III. Die großen Themen

1. Theologie
   - Herodot über die Artikulation der Götterwelt *Seite 31*
   - Politische Theologie *Seite 33*
   - Geheimhaltung und Mysterium *Seite 35*
   - Isis und Sarapis *Seite 38*
   - Die Mysterien der Isis *Seite 39*
2. Priestertum als Lebensform *Seite 42*
3. Politeia. Königtum, Stände und Kasten, Recht und Gesetze *Seite 44*
4. Zeit, Geschichte, Gedächtnis *Seite 51*
5. Die Nilüberschwemmung
   - Das Geheimnis des Nils *Seite 56*
   - Nillandschaften *Seite 60*

6. Grammatologie *Seite 64*
7. Grab, Tod und Ewigkeit, Totengericht *Seite 71*

IV. Die Griechen in den Augen der Ägypter *Seite 74*

Bibliographische Notiz *Seite 83*

Für Fernande und Tonio Hölscher

Thot ≡ Hermes trismegistos

Gott der Schrift u. Gelehrsamkeit

Hermetische Literatur umfaßte:

Kulte, Theologie, Astronomie, Medizin

erhalten griechisch Corpus Hermeticum

Einleitung

Ägypten läßt sich aus der Kulturgeschichte der frühen Neuzeit nicht wegdenken.* Die Renaissance stand im Banne des Ur-Weisen Hermes Trismegistos, von dem ausgehend sich die Weisheit über die Zeiten und Völker verbreitete und verlor, die Aufklärung stand im Zeichen der Isis, der Mutter Natur, in deren Mysterien die Freimaurer an einer neuen Welt des Friedens und der Vernunft arbeiteten. Erst mit der Entzifferung der Hieroglyphen und den systematischen Ausgrabungen des 19. Jahrhunderts begann dieses Ägyptenbild wie eine Luftspiegelung zu verblassen und den Blick auf ein zwar imposantes, aber fremdes Ruinenfeld freizugeben.

Wie war es möglich, daß gerade das untergegangene Ägypten eine so einzigartige Strahlkraft entfalten konnte? Was hier strahlte, waren nicht die Überreste der altägyptischen Kultur selbst, die Pyramiden, Tempel und Gräber, die schon vor jeder Ausgrabungstätigkeit eindrucksvoll genug die Neugier und Phantasie der Reisenden fesselten, sondern das Bild, das antike Autoren griechischer und (seltener) lateinischer Sprache von der altägyptischen Kultur gezeichnet haben.

Die ›Ägyptologie‹ der Griechen, die dieses Ägyptenbild hervorbrachte, muß als ein wichtiges Kapitel der europäischen Geistesgeschichte gelten, das es verdient, einmal um seiner selbst willen dargestellt zu werden und nicht nur im Hinblick auf das, was es uns an Einblicken in die altägyptische Kultur erschließt. Seine Authentizität liegt gerade nicht in seinem Informationsgehalt, sondern in seiner spekulativen Kraft und seiner utopischen Phantasie. Das griechische Ägyptenbild war geboren aus einer Faszination, die sich leicht nachvollziehen läßt. In Gestalt Ägyptens ragte ein Stück Steinzeit, eine in den Grundzügen ihrer Semantik und Formensprache in der ersten Hälfte des 3. Jahrtausends geprägte und lebendig gebliebene Kultur wie ein

* Diese Studie entstand in München im Rahmen eines Forschungsstipendiums der C. F. v. Siemens-Stiftung.

erratischer Block in die moderne, aufgeklärte, multikulturelle Welt des Hellenismus hinein. Die Begegnung mit Ägypten war für die Griechen eine Zeitreise in den Brunnen der Vergangenheit.

Das im Ganzen positive, von Bewunderung geprägte Bild der Griechen von Ägypten, dem Land und der Kultur, kontrastiert eigentümlich mit ihrer Abneigung gegen die Ägypter, die ihnen als geldgierig, verschlagen, unzuverlässig und sklavisch galten. Das Verb *aigyptiazein* bezeichnet schlaues, durchtriebenes, hinterhältiges Verhalten. Davon wird hier nicht die Rede sein; uns interessiert nur das Bild der Kultur, weil es Geschichte gemacht und unsere abendländische Vorstellung von den Möglichkeiten menschlicher Kultur mit geprägt hat. Daher ist auch vom Tierkult der Ägypter hier kaum die Rede, für den die Antike kein Verständnis und oft geradezu Abscheu aufbrachte. Dies war zweifellos ein dunkler Fleck in dem ansonsten strahlenden Ägyptenbild, der aber der Faszination Ägyptens keinen Abbruch tat.

Dieses Ägyptenbild ist aber keineswegs eine rein griechische Konstruktion; die Ägypter haben daran einen erheblichen Anteil. Da die Griechen mit den ›Barbaren‹ über Dolmetscher verkehrten, waren sie auf die Griechischkenntnisse der Ägypter angewiesen. Sie entwarfen ein Ägyptenbild, das ihnen von ihren ägyptischen Informanten vorgegeben wurde, und zeichneten die ägyptische Welt so, wie sie von den Griechen gesehen werden wollte. Bis zu einem gewissen Grade dürfen wir die Ägyptenbeschreibungen Herodots und Diodors als Zeugnisse spätägyptischer Selbstdarstellung lesen. Den Griechen diente die Fremdkultur als ein Spiegel, der ihnen ein Gegenbild ihrer eigenen Kultur zurückwarf und sie dadurch die eigene Welt schärfer ausleuchten half. Den Ägyptern wiederum verhalfen die Fragen der Griechen zur Beschäftigung mit Themen, die ihnen bislang nicht problematisch geworden waren. Heliodor läßt seinen ägyptischen Priester sagen: »Sie stellten mir verschiedene Fragen über die Götter und die ägyptischen Kulte sowie die diversen Tiere, die meine Landsleute verehren, und verwunderten sich über diese Vielfalt und verlangten Erklärungen über jeden dieser Kulte, über die Konstruktion der Pyramiden und die Labyrinthe der Gräber. Kurz, sie ließen keine der Merkwürdigkeiten Ägyptens aus, denn es gibt kein Land auf der Welt, von dem die Griechen mit solcher Neugier erzählen hören.« (*Aithiopika* II, 27.3–28.2) Dadurch verhalfen sie den Ägyptern zu einer umfassenderen Artikulation ihrer Welt im Medium nicht nur der griechischen Sprache, sondern auch griechischer Fragestellungen. Wir haben es daher bei der griechischen Ägyptologie mit einem Dialog zu tun, in dem die Neugier der Griechen auf die Selbstinszenierung der Ägypter traf.

/ I. / Die historischen Rahmenbedingungen

1. *Vorspiel: Ägypten und die ägäische Welt im 2. Jahrtausend v. Chr.*

Ägyptische Kontakte mit der ägäischen Welt lassen sich archäologisch seit dem Mittleren Reich nachweisen. Sie nehmen aber mit dem Beginn des Neuen Reichs (ab ca. 1580) eine ganz neue Qualität an. In einem Palast der Hyksoshauptstadt Awaris im östlichen Delta fanden sich Reste minoischer Fresken, die engste Parallelen in den Fresken von Thera haben und eindeutig von minoischen Künstlern ausgeführt wurden. Sie gehören zu einer Bauphase der frühen 18. Dynastie. Aus der gleichen Zeit stammen vier Dolche ägäischer Dekoration und Machart, denen wiederum ein Dolch mit nilotischen Motiven aus dem Schachtgrab 5 von Mykene entspricht. Wir dürfen darin wohl Geschenke erkennen, die auf diplomatische Beziehungen schließen lassen. Noch aufschlußreicher sind die Darstellungen minoischer Gesandtschaften in thebanischen Beamtengräbern der Zeit von Hatschepsut bis Amenophis II. (ca. 1500–1420). Sie werden ›Leute von Kaftu‹ genannt. Kaftu (bzw. Keftiu) entspricht hebr. *kaphtor* und akk. *kaptara* und ist die gewöhnliche Bezeichnung für Kreta und die Ägäis. Die Wandbilder zeigen sie in der typischen Tracht ihrer langen Haare und bunten Schurze. Sie bringen als Gaben die typischen Erzeugnisse der minoischen Toreutik, wie sie auch aus den Schachgräbern von Mykene zutage traten. Nachträglich angebrachte Korrekturen bezeugen die Bemühung um Authenzität. Den Künstlern dieser Zeit kommt es auf die präzise Wiedergabe exotischer Details an: Damit will man die Reichweite der pharaonischen Macht sinnfällig machen, die bis ans Ende der Welt reicht und Menschen von den fernsten Weltgegenden nach Ägypten kommen und mit kostbaren Gaben um die Gunst Pharaos werben läßt. Solchen ›imperialen Exotismus‹ kennt man später auch aus Assyrien, Persien und Rom, ganz zu schweigen von Madrid und Wien, Paris und London. Demselben Zweck dienen auch topographische Listen unterworfener oder tributpflichtiger Völker auf königlichen Denkmälern. Eine solche Liste aus der Zeit Amenophis' III. nennt unter dem Sammelnamen *Kaftu* Orte wie

Amnisos, Knossos, Kydonia und Phaistos und unter dem Oberbegriff *ta-na-ju* (Danaoi) die Orte *muk-'anu* (Mykene), *di-qa-ê-s* (Tegea), *mi-s̱a-n-ê* (Messene), *nu-pi-ra-ji* (Nauplia), *ku-ti-ra* (Kythera), *w-'il-li-ja* (Ilion) und andere. Hier haben wir es nun mit einem ägyptischen Blick auf die ›Griechen‹ zu tun, dem auf griechischer Seite nichts außer Bodenfunden von Objekten ägyptischer Herkunft entspricht.

Dieses Wissen geht dann in Ägypten bald wieder verloren. Schon vom 13. Jahrhundert an stellte man die Keftiu als Asiaten dar. Für die Griechen wurde dann in der Spätzeit ein Ausdruck benutzt, der sich (wie griech. Hyperboräer) auf Völker am Nordrand der Welt bezieht.

In der in Amarna gefundenen diplomatischen Korrespondenz in babylonischer Sprache kommt auch das Land Aḫḫija bzw. Aḫḫijawa vor, das im Westen an das Hethiterreich anschließt; der Name ist mit großer Wahrscheinlichkeit sowohl mit den ›Achäern‹ gleichzusetzen als auch mit den unter Ramses II. und III. erwähnten 'Aqawas, die zusammen mit den *Turus* (Thyrsener/Etrusker), *Lukku* (Lykier), *Sardin* (Sardinier) und *Sakalu* (Sikuler) als plündernde, seeräubernde Volksstämme (die sog. ›Seevölker‹) auf der Suche nach Beute und Land das östliche Mittelmeer unsicher machen und Teile einer großen Wanderbewegung darstellen, in deren Verlauf die mykenische und die hethitische Kultur zugrunde gehen und die gesamte Staatenwelt der späten Bronzezeit eine tiefgreifende Veränderung erfährt.

2. *Die Saïtenzeit*

Die wichtigste Epoche für die Begegnung zwischen Griechen und Ägyptern und die Entstehung des griechischen Ägyptenbildes ist die Zeit der 26. Dynastie, die man wegen der Herkunft des regierenden Hauses aus Saïs auch Saïtenzeit nennt, und dies aus folgenden Gründen:

1. Diese Zeit brachte eine Menge griechischer und karischer Einwanderer aus Westanatolien nach Ägypten, die entweder als Händler kamen und ab ca. 650 v. Chr. in Naukratis eine eigene Handelskolonie errichteten oder sich als Söldner verdingten und in Militärkolonien im Delta siedelten.

2. Diese Zeit war zugleich auch eine Periode besonderer Griechenfreundlichkeit der Ägypter. Die Söldner und Siedler wurden von den Herrschern angeworben und begünstigt. König Amasis soll mit dem Tyrannen Polykrates von Samos befreundet gewesen sein.

3. Die Zeit der 26. Dynastie bildet jene Geschichtsepoche, mit der Herodot und Diodor ihre Darstellungen der ägyptischen Geschichte beschließen und auf die sie als eine besondere Glanzzeit der ägyptischen Kultur zurückblicken. Auch Platons Erzählung von Solons Besuch bei den Priestern von Saïs spielt in dieser Zeit. Das griechische Ägyptenbild ist ganz maßgeblich geprägt von der (ägyptischen und griechischen) Erinnerung an diese Epoche.

Daher ist es wichtig, sich zunächst die charakteristischsten Kennzeichen dieser Zeit vor Augen zu führen. Die Saïtenzeit war eine ausgeprägt restaurative Epoche, getragen von dem Bestreben, Ägypten von den Verheerungen der assyrischen Eroberungen zu reinigen und nach vier Jahrhunderten der Zersplitterung wieder eine Monokratie klassisch-pharaonischen Stils zu errichten. Mit dieser politischen Restauration einher ging eine umfassende kulturelle Rückwendung zur Vergangenheit, die man geradezu als ›Saïtische Renaissance‹ bezeichnet. Ägypten wird sich jetzt seiner einzigartigen Zeittiefe bewußt und kopiert Denkmäler und Texte aus allen Epochen seiner langen Geschichte. Darin prägt sich in Ägypten eine Erinnerungsdynamik aus, die viele Bereiche der damaligen Welt erfaßt hatte und über die *dark ages* hinweg zu Wiederanknüpfungen an die Bronzezeit führte wie etwa die homerischen Epen an Mykene, die neusassyrischen Königsinschriften an die Sargonidenzeit im 23. Jahrhundert v. Chr., die biblischen Exodusüberlieferungen an die Zeit der Ramessiden und zuletzt noch die *Aeneis* an Troja.

Die ägyptische Kultur gewinnt in dieser intensiven Beschäftigung mit ihrer eigenen Vergangenheit eine reflexive Dimension. Die spätägyptische Mentalität, mit der es die Griechen in Ägypten zu tun haben, ist davon geprägt: das Bewußtsein eines einzigartigen ›kulturellen Gedächtnisses‹, das bis in anderenorts längst vergessene Zeittiefen hinabreicht, ein ausgeprägter Konservatismus, der in der Wiederherstellung und Inganghaltung der ägyptischen Kulte und Wissenskultur so etwas wie die Garantie für den Fortbestand der Welt überhaupt erblickt, und die Verbreitung priesterlicher Reinheitsideale, die sich jetzt zu kulturellen Normen und Lebensformen verallgemeinern und verschärfen. Solon und Pythagoras sollen in dieses Ägypten der Saïtenzeit gereist sein, Solon, nachdem er Athen die Gesetze gegeben hat und sich nun in der Welt umsehen und die Gesetze anderer Völker kennenlernen will, Pythagoras, um die Weisheit der ägyptischen Priester zu studieren und es ihnen an normativer Fundierung der Lebensweise gleichzutun. Mit dieser Ausbildung eines normativen, seiner selbst und seiner besonderen Sitten bewußten Ägyptertums einher geht eine vergleichsweise säkulare Auffassung des Königtums, die auf jedes ›messianische‹ Pathos verzichtet und sich dadurch bewußt abhebt von dem Regierungsstil der 25. Dynastie der Äthiopenkönige, die sich als Pharaonen von Amuns Gnaden dargestellt hatten. Auch dieser Zug spiegelt sich unverkennbar wider in den Darstellungen des ägyptischen Königtums bei Herodot, Hekataios von Abdera und Diodor, die nichts mehr zu wissen scheinen von dem zentralen, staatstragenden Mythos des Gottkönigtums.

Die zahllosen Graffiti, die die griechischen und karischen Söldner im ganzen Land hinterlassen haben, zeugen von dem lebhaften Interesse dieser Einwanderer an dem Land. Man kommt, um zu schauen, wie es Herodot erzählt: »Als Kambyses gegen Ägypten vorging, begaben sich viele Griechen dorthin, die einen, um Handel zu treiben, die anderen, um am Krieg teilzunehmen, wieder andere auch, um das Land zu sehen.« (II, 179) Mit den Händlern und Söldnern kamen auch Reisende, wie vorher Solon und Pythagoras und später Hekataios von Milet und Herodot von Halikarnass, aber auch die Söldner selbst trugen, wie ihre Inschriften zeigen, mit ihrem geradezu touristischen Interesse am Land und seinen ›thaumata‹ zum entstehenden Ägyptendiskurs bei.

Die Saïtenzeit war ein bleibender Gegenstand späterer Rückerinnerung und war selbst eine Zeit der kulturellen Erinnerung, die im Zitat lebte, auf alle Epochen der ägyptischen Vergangenheit zurückblickte und sie sich bewußt aneignete und vergegenwärtigte. Jetzt entsteht der typisch spätzeitliche ›Chronotop Ägypten‹, der sich selbst bis in alle Tiefen seiner Vergangenheit hinein durchsichtig ist, die Kultur mit dem längsten Gedächtnis.

3. Die Perserzeit

Mit der Eroberung Ägyptens durch Kambyses im Jahre 525 verlor das Land seine politische Selbständigkeit und wurde persische Satrapie. Allerdings gab sich Darius I. als Nachfolger des Kambyses große Mühe, das Land im Stil pharaonischer Legitimation zu regieren. Er baute Tempel, machte Opferstiftungen und kodifizierte das geltende Recht. Seine Nachfolger Xerxes und Artaxerxes I. jedoch sind in Ägypten gar nicht mehr aufgetreten und haben die Regierung Satrapen überlassen. Im Anschluß an die Schlacht bei Marathon kommt es in Ägypten zu einem Aufstand, der 484 von Xerxes niedergeschlagen wurde. Für die Griechen galt es als entscheidende Grundlage politischer Partnerschaft, »die gleichen Feinde und Freunde zu haben«. So unternehmen 460–455 im Bündnis mit den Athenern Inaros und Amyrtaios, zwei Abkömmlinge libyscher Fürstenhäuser, eine Revolte gegen die Perser. In dieser Zeit des Widerstands entstehen die antipersischen Geschichten, die Herodot, der Ägypten bald darauf bereist, aufzeichnet. Mit der Niederschlagung dieses Aufstands beginnt für Ägypten eine Zeit drastischen Niedergangs, die sich archäologisch als Fundlücke manifestiert. In dieser Zeit bereist Herodot Ägypten: ein traumatisiertes Land, das von seinen Erinnerungen lebt und sich gegenüber Fremden abkapselt.

Gegen Ende des fünften Jahrhunderts gelingt es den Ägyptern noch einmal, sich von den Persern unabhängig zu machen. 343 eroberte Artaxerxes III. Ägypten zurück. Für zehn Jahre waren die Perser noch einmal Herren Ägyptens, bis sie dann von Alexander dem Großen endgültig besiegt wurden.

4. *Die frühe Ptolemäerzeit: die Griechen als Befreier*

Mit dem Sieg Alexanders des Großen über die Perser fiel auch Ägypten den Griechen zu. Alexander beeilte sich gleich nach der Schlacht bei Issos, das ägyptische Erbe anzutreten, bevor er seine Feldzüge nach Osten fortsetzte. Als erstes begab er sich zum Ammon-Orakel der Oase Siwa, um sich als Sohn des Gottes bestätigen zu lassen, und trat mit einer geradezu schlafwandlerisch zu nennenden Sicherheit in der traditionellen ägyptischen Rolle des Heilskönigs auf. Mit diesem Schritt reaktivierte Alexander den Mythos der Gottessohnschaft, der im legitimen Herrscher nicht nur den Abkömmling im genealogischen Sinne, sondern den leiblichen Sohn des höchsten Gottes erblickte, den dieser in einer Art mystischem Beischlaf mit der Königin gezeugt haben soll. Man erzählte sich später sogar, und diese Geschichte kann durchaus zu der von Alexander selbst gelebten und verbreiteten Form seiner Vita gehört haben, daß Amun seiner Mutter nicht in Gestalt Philipps II., sondern Nektanebos' II. beigewohnt habe; daraus wurde in burlesker Inversion der Schwank, daß Nektanebos, von den Persern aus Ägypten vertrieben und als Magier inkognito am makedonischen Hof aufgenommen, der Olympias in der Gestalt des Amun beigewohnt habe. In jedem Falle führte die Erzählung den uralten ägyptischen Königsmythos am makedonischen Hof noch einmal auf und verknüpfte Alexander mit drei Vätern: Amun (als göttlicher Vater), Philipp II. (als legitimer Vater) und Nektanebos II. (als leiblicher Vater). Alexander ließ sich in Memphis zum Pharao krönen und besuchte Theben, um sich von Amun auch in seiner thebanischen Form als Sohn anerkennen zu lassen und den Kult des Königs-Ka im Luxortempel zu erneuern. Von dort übernahm er die gewundenen Widderhörner als distinktives Element seiner Ikonographie. Mit diesem Schritt griff Alexander noch deutlicher auf die Vergangenheit zurück und knüpfte an Vorstellungen an, die schon in der Saïtenzeit verblaßt waren. Im Neuen Reich war dies die Form, in der die Beziehung des jeweiligen Königs zur Götterwelt ausgedrückt wurde. Mit seiner Krönung trat er ein in eine fiktive Biographie, die erzählte, daß er vom höchsten Gott zusammen mit einer sterblichen Frau, der Königin, gezeugt worden war, um im Lande eine Heilswende herbeizuführen. In der Spätzeit wurde dieser Mythos von der Ebene des Königtums auf die Ebene der Götterwelt übertragen und seiner politischen Bedeutung weitgehend entkleidet. Anstelle des regierenden Königs brachte der höchste Gott nun alljährlich ein göttliches Kind zur Welt und erneuerte dadurch die Zeit, die Ordnung und das Heil. Von diesem Fest haben sich in Vergils 4. Ekloge und im christlichen Weihnachtsfest deutliche Nachklänge erhalten. Alexander hat diesen Mythos mit seinem Auftreten in Ägypten repolitisiert. Er verstand es dadurch, nicht als Eroberer, sondern als Befreier wahrgenommen zu werden. Es würde gewiß zu kurz greifen, in Alexanders Anknüpfung an ägyptische Mythen und Heilserwartungen lediglich ein geniales strategisches Kalkül zu sehen. Er hat diesen Mythos gelebt, auch in Zusammenhängen, in denen das nicht opportun war. Das beweist schon die Episode bei Opis 326, als seine entnervten Soldaten ihm vorschlugen, sie zu entlassen und seinen Feldzug mit seinem Vater Ammon allein fortzusetzen. Man versteht Alexanders Identifikation mit seiner ägyptischen Rolle des Ammon- oder Zeus-Sohnes, wenn man bedenkt, daß der ägyptische Mythos von der Geburt des Gottkönigs seine nächste Parallele (wenn man einmal von der späteren Geburtsgeschichte Jesu absieht) im griechischen Heraklesmythos hat, der dazu ebenfalls in ›Theben‹ spielt.

Mit seiner Anknüpfung an den ägyptischen Mythos des Königs als Gottessohn schuf Alexander das Modell, durch das sich die Ptolemäer in Ägypten legitimierten. Sie waren die gottgesandten Heilskönige, die der persischen Unheilsherrschaft ein Ende bereiteten. Die Perser haben die Götterbilder verschleppt – *sie* werden alles daran setzen, die Götterbilder zurückzubringen. Die Perser haben die Tempel zerstört – *sie* werden ungeheure Anstrengungen machen, alle Tempel aufzubauen und neue anzulegen. Die Perser haben heilige Tiere getötet – *sie* werden den Tierkulten ganz besondere Pflege angedeihen lassen. Diese drei spezifisch religiösen Felder königlicher Aktivität – Tempelbau, Tierkult und Götterbilder – entsprechen drei Themen antipersischer Propaganda: Zerstörung der Tempel, Tötung der heiligen Tiere und Verschleppung der Götterbilder.

Auf der anderen Seite bemühten sie sich viertens auch um eine religiöse, kulturelle und politische Synthese ägyptischer und griechischer Traditionen. Die wichtigste Tat in dieser Richtung war die Schöpfung eines neuen Gottes, des Sarapis. Sarapis vereinigte in sich nicht nur die ägyptischen Götter Osiris, Apis (Ptah), Amun und Re, sondern war auch mit den Höchsten Wesen anderer Religionen, insbesondere Zeus, identisch. Durch die Kultpolitik der ersten beiden Ptolemäer werden Sarapis und Isis zu Gottheiten, deren Kult sich im ganzen Mittelmeergebiet ausbreitet. In diesem Kult verbinden sich die Mysterienreligion von Eleusis (Isis = Demeter) und die bakchischen Mysterien (Osiris = Sarapis = Dionysos) mit ägyptischen Riten und Mythen. Die griechische Faszination an ägyptischer Kultur findet in diesem Kult einen institutionellen und spirituellen Rahmen. Hier entstehen mit den griechischen Isisaretalogien und den gleichfalls griechischen Isishymnen des Isidor von Narmuthis Texte einer griechisch-ägyptischen Mischkultur, die sich jeder eindeutigen Zuweisung zur griechischen oder ägyptischen Seite entziehen. Wenn auch Ägypten selbst an dieser neuen internationalen Form ägyptischer Religion keinen Anteil nahm, bestimmte sie das Bild, das man sich außerhalb Ägyptens von der ägyptischen Religion machte, und zwar bis ins 19. Jahrhundert. Die Ptolemäer gaben sich größte Mühe, das Land im Sinne der Ägypter zu regieren. Sie richteten das Institut der Priestersynode ein, die einmal im Jahr einberufen wurde, um wichtige politische Entscheidungen zu diskutieren und zu verabschieden.

Das Besondere der Ptolemäerzeit liegt in ihrem theatralischen Charakter. Der ptolemäische Hof muß das kontinuierliche Schauspiel eines von griechischen Akteuren in ägyptischen Kostümen gespielten Ägyptendramas geboten haben. Wenn wir schon die Saïtenzeit aufgrund ihres ›kostümierten‹ Archaismus als eine erste, von den Ägyptern selbst getragene Welle von ›Ägyptomanie‹ bezeichnet haben, gilt das für die Ptolemäerzeit noch in erheblich größerem Maße. Das Institut der Geschwisterheirat, um nur ein Beispiel zu nennen, setzt eine Vorstellung ägyptischer Sitte mit einer Konsequenz in die Wirklichkeit um, wie sie in der ägyptischen Vergangenheit selbst nie verwirklicht wurde.

5. Die spätere Ptolemäerzeit: die Griechen als Besatzungsmacht

Bis zur Schlacht bei Raphia im Jahre 217 hatten die Ptolemäer mit ihrer Politik einer ägyptischen Integration Erfolg. Dann begann eine nicht enden wollende Reihe ägyptischer Aufstände. Der Konsens zerfiel, auf den sie so viel Wert gelegt hatten.

Literarisch manifestiert sich der ägyptische Widerstand in einer in griechischer Sprache erhaltenen politischen Prophetie, dem ›Töpferorakel‹. Die Szene spielt unter Amenophis III. Der König besucht Hermupolis und trifft dort einen Töpfer, dessen Töpferscheibe zerstört und dessen Produktion beschlagnahmt wurde. Der Töpfer deutet sein Unglück als Vorzeichen künftigen Unheils. Eine Zeit wird kommen, da die ›Gürtelträger‹ über Ägypten herrschen werden (der Ausdruck ›Gürtelträger‹ bezieht sich zwar auf die Perser; aber er läßt offen, wen man im Einzelfall darunter verstehen will). Sie verehren den Typhon (=Seth) und zerstören die ägyptischen Tempel. Aus dem Lande verschwinden Gesetz und Ordnung. Krieg wird zwischen Geschwistern und Eheleuten herrschen, und die Menschen werden sich gegenseitig umbringen. Später jedoch werden die Gürtelträger »wie Herbstlaub abfallen vom Baum Ägyptens« und die Götterbilder zurückkehren. Der Heilskönig wird vom Sonnengott selbst gesandt und von Isis inthronisiert werden. Er wird 55 Jahre lang regieren. Das Land wird gedeihen, die Überschwemmungen werden hoch sein, Sommer und Winter kommen im richtigen Rhythmus, die Winde wehen milde, und die Sonne wird leuchten, das Unrecht sichtbar machen und die Übeltäter der Gerechtigkeit überantworten. Eine ähnliche, in demotischer Sprache überlieferte Prophezeiung spielt unter König Bokchoris, dem letzten König der 24. Dynastie. Hier werden 900 Jahre Leidenszeit geweissagt, bis endlich ein legitimer König die Heilswende bringen wird. In diesen und anderen Prophezeiungen und Erinnerungen drückt sich ein verändertes Geschichtsbewußtsein aus. Im Zeichen einer unheilvollen Gegenwart gewinnen sowohl die Vergangenheit als auch die Zukunft neue Bedeutung, und gerade in dem Maße, als die politischen Hoffnungen sich auf eine Zukunft richten, in der Ägypten wieder seine Größe zurückgewinnen wird, wird die Vergangenheit, die diese Größe verwirklicht hatte und deren Überreste davon zu zeugen vermögen.

Schon Herodot war aufgefallen, daß »die Ägypter nicht überall dieselben Gottheiten verehren: nur Isis und Osiris sind allen gemeinsam«. (II, 42) Diese beiden Götter wurden nun zu Symbolfiguren der religiösen, kulturellen und nationalen Integrität Ägyptens. Die sogenannten Osiris-Mysterien, die Riten zu Ende des Monats Choiak, werden in der Spätzeit zum höchsten ägyptischen Fest, das in allen Tempeln des Landes gefeiert wird. In diesem Mythos und in diesem Ritual vergewisserte sich das unterdrückte Ägypten seiner kulturellen, religiösen und politischen Identität, die durch die Fremdherrschaft gefährdet war. Osiris, der in seinen Gliedern die 42 Gaue Ägyptens und in deren ritueller Vereinigung die kulturelle Einheit Ägyptens verkörperte, wurde zum Zentralsymbol altägyptischer kultureller Identität. Im Kult von Isis und Osiris artikulierte sich der Widerstand der ägyptischen Kultur gegen die Hellenisierung, hier lag das Geheimnis ihres Überlebens. Beide Mythen, die Vereinigung des Osirisleibes und die Geburt des Kindes, sind Mythen der Erneuerung, der Hoffnung auf Heilswende, beide haben, wie man sagen könnte, einen messianischen Aspekt. Von dem ›nationalägyptischen‹ Kult von Isis und Osiris strikt zu unterscheiden ist der von den Ptolemäern gestiftete rein griechische, wenn auch ägyptisierende Mysterien-Kult von Sarapis und Isis.

6. Griechen und Ägypter in der römischen Provinz Ägypten

Mit der Schlacht bei Aktium verliert Ägypten aufs neue seine politische Souveränität und wird dem römischen Kaiserreich als Provinz und Krondomäne einverleibt. Für den griechisch-ägyptischen Dialog bedeutet das eine radikale Entpolitisierung seiner geschichtlichen Rahmenbedingungen. Ägypten ist jetzt nicht mehr Thema politischer Theorie oder Theologie; jetzt interessieren nur noch Weisheit, Frömmigkeit, Kult und Mystik. Mit dem rapiden Verfall der Hieroglyphenschrift und der Verarmung der Tempel, die nun nicht mehr Bühnen politisch-religiöser Schaustellungen sind, wendet sich der Kult nach innen. Der Kult, der keinen Staat mehr zu tragen hat, wird zur Basis einer quasi-klösterlichen Lebensform. Kontemplation, Spekulation und ein ausgeprägter Hang zu Esoterik und Geheimnis bestimmen jetzt das Bild der ägyptischen Religion. Daneben breiten sich auch außerhalb der Tempel neue, ›häusliche‹ Formen religiösen Lebens aus, hermetische, gnostische, platonische, stoische ›Gemeinden‹, in deren Texten und Riten sich verschiedenste Einflüsse vermischen. Neben dem Judentum gewinnt auch das Christentum einen immer größeren Einfluß.

Im selben Moment, da Ägypten seine zentrale oder doch zumindest bedeutende Stellung in der alten Welt verliert und zu einer von vielen indigenen, vom Untergang bedrohten Kulturen am Rande der hellenistischen und römischen Welt herabsinkt, verbreitet sich der ägyptische oder doch zumindest ägyptisierende Isiskult in der gesamten damaligen Welt und wird zu einem ernsthaften Konkurrenten des Christentums.

Die geschichtlichen Rahmenbedingungen für die Entstehung und Entwicklung des griechisch-ägyptischen Dialogs und des daraus resultierenden Ägyptenbildes teilen sich in drei große Epochen: die Epoche der Reisenden, von der Saïtenzeit bis zur Gründung Alexandrias (ca. 650–320 v. Chr.), die Epoche der Wissenschaftler, von Hekataios von Abdera bis Strabon (ca. 320 v. Chr.–50 n. Chr.), und die Epoche der Mystiker und Philosophen, von Chaeremon bis Jamblichus (ca. 0–350 n. Chr.). Herodot ist die Zentralfigur der ersten Epoche. Sein Ägyptenbuch, das II. Buch seiner Historien, ist das erste umfassende Werk über Ägypten; es setzt den Maßstab, schlägt die zentralen Themen an und bleibt das klassische Referenzbuch der griechischen Ägyptologie bis in die Spätantike. Aber Herodot hatte Vorgänger, insbesondere den Aristokraten Hekataios von Milet, der Ägypten im 6. Jahrhundert, also vor den Perserkriegen bereist hatte, in der ersten Phase der persischen Herrschaft, als die Perserkönige noch die Pharaonenrolle spielten und um Kontinuität bemüht waren. Hekataios beschreibt Ägypten im II. Buch seiner *Periodos Ges*. Als Aristokrat gibt er seiner Reise einen diplomatischen Aspekt, d.h. sein Interesse gilt der Ermittlung historischer Verbindungen, auf die sich politische Bindungen aufbauen lassen. So stellt er die ägyptische Kultur in ein griechisches Licht und schreibt die Gründung ägyptischer Institutionen und Errungenschaften griechischen Heroen und Kolonisten zu. Epaphos, der Sohn der Io, gründete Memphis und das ägyptische Königtum, Aigyptios gab Ägypten den Namen, Herakles, die Argonauten, Menelaos kamen nach Ägypten und vollbrachten dort große Taten, und umgekehrt brachte der Ägypter Danaos (und nicht der Syrer Kadmos) die Schrift nach Griechenland und stammten die spartanischen Königsfamilien aus Ägypten. Solche ›Verbindungsgeschichte‹ hat im alten Orient eine lange Tradition und findet ihren literarischen Ausdruck in den historischen Präambeln von Vertragswerken, die das gegenwärtige Bündnis durch eine möglichst lange Vorgeschichte möglichst enger und guter Beziehungen legitimieren sollen. Ähnliche Interessen scheinen sich auch mit Solons Besuch bei den Priestern von Saïs zu verbinden. Bei dem Gespräch über Atlantis geht es vor allem um das Alter und die Enge der Beziehungen zwischen Saïs und Ur-Athen: Beides sind Gründungen derselben Göttin, und das vor 8000 Jahren, 1000 Jahre nach Athen, gegründete Saïs dankt seine Errettung vor der atlantischen Unterdrückung dem Heroismus der Athener, deren Sieg über Atlantis die Mittelmeerwelt gerettet hat. Dafür hat Saïs nicht nur die Erinnerung an diese in Griechenland vergessenen Ereignisse bewahrt, sondern auch die politische Ordnung, die damals Athen und Saïs gemeinsam war und die so eigentümlich mit Platons Vorstellung des idealen Staats übereinstimmt. Solon und Hekataios fanden in Ägypten nicht nur die eigene, griechische Vergangenheit, deren Kunde in Griechenland verloren gegangen war, sondern auch eine gemeinsame Vergangenheit, auf der sich eine gemeinsame Zukunft aufbauen ließ.

Herodot bereiste um 450 v. Chr. ein Ägypten, das sich gegen die von den Athenern bekämpften Perser empört hatte, von diesen aufs Neue erobert worden war und den griechischen Perserhaß von Herzen teilte. Die Gemeinsamkeiten waren also eher noch stärker geworden. Trotzdem kehrt er Hekataios' Perspektive um und betont nicht die Gemeinsamkeiten, sondern die Unterschiede. Er ist kein reisender Diplomat, sondern ein Schriftsteller, der überraschen und verblüffen möchte. Sein Ägypten ist der Inbegriff des Exotischen. »Wie der Himmel in Ägypten anders ist als anderswo, wie der Strom anders ist als andere Ströme, so sind auch die Sitten und Gebräuche in fast allen Stücken denen der übrigen Völker entgegengesetzt.« (II, 35) Aber die ägyptischen Sitten sind nicht nur anders, sondern bewußt exklusiv. »Darum (weil die Kühe ihnen heilig sind) würde auch kein Ägypter oder Ägypterin einen Hellenen auf den Mund küssen (weil dieser Mund das Fleisch von Kühen gegessen hat), oder das Messer, die Gabel, den Kochkessel eines Hellenen benutzen (weil damit das Fleisch von Kühen bereitet und gegessen wurde).« (II, 41) Diese Bemerkung findet sich nur bei Herodot; sie dient seinem Darstellungsinteresse, die Differenz zu markieren, ebenso wie in der biblischen Josepherzählung, die behauptet, die Ägypter würden nicht mit Hebräern zusammen essen. (Gen. 43.23) Herodot verfremdet Ägypten zu einer Gegenwelt griechischer Sitte. Umso verblüffender kommt aber dann nach diesen Klarstellungen, die sich deutlich gegen Hekataios und seine Behauptung, die ägyptische Kultur ginge letztlich auf griechische Heroen zurück, richten, seine These, daß die Grundlagen der griechischen Religion aus Ägypten entlehnt seien. Doch dient auch diese Feststellung einer so fundamentalen Verbindung zwischen Griechenland und Ägypten der Betonung der Differenz, die mit Zeit und Geschichte zu tun hat. Bei den Griechen sind die Götter, ihre Namen, Gestalten und Zuständigkeiten, eine verhältnismäßig junge, kaum mehr als 400 Jahre alte Entdeckung und dazu eine Entlehnung aus Ägypten, wo sie seit Urzeiten bekannt sind. (II, 50–53) Außerdem »sind die Ägypter die ersten, die heilige Feste, Umzüge und Opferfeiern veranstaltet haben. Von ihnen erst haben es die Hellenen gelernt.« (II, 58) »Auch die Art der Orakel im ägyptischen Theben und in Dodona ist einander sehr ähnlich. Auch das Weissagen aus Opfertieren stammt aus Ägypten.« (II, 57) Diese Behauptungen gehen ganz in die Irre. Weissagung aus Opfertieren, wie sie außer in Griechenland auch und vor allem in Mesopotamien und in Rom geübt wurde, war in Ägypten unbekannt. Das ägyptische Orakelwesen kannte keine sprachlich artikulierten Orakel, sondern beruhte auf einem Code, dessen Zeichen durch Bewegungen des Prozessionsbildes konstituiert wurden. So geht Herodot auf der Grundlage seiner Darstellung Ägyptens als exotischer Gegenwelt noch über alles hinaus, was jemals vor und nach ihm an griechisch-ägyptischen Gemeinsamkeiten postuliert worden war und handelt sich den Ruf eines ›philobarbaros‹ ein. (Plutarch, *De malignitate Herodoti*)

Mit Platon und Isokrates beginnt ein neues Kapitel des griechischen Dialogs mit Ägypten. Ägypten wird jetzt zum Modell einer Verfassung im Sinne einer zugleich politischen und kulturellen Ordnung und Organisation stilisiert, die in der traumatisierten Rückerinnerung an den Peloponnesischen Krieg und die Sinnkrise der Polis als Gegenentwurf dienen kann. Dieser Aspekt einer ›Politeia Aigyption‹ hatte bei Herodot noch keine Rolle gespielt. Wenn Froidefond mit seiner Vermutung Recht hat, greift Isokrates in seinem *Busiris* auf eine solche ›Politeia Aigyption‹ pythagoräischer Inspiration zurück. Die Fragen an die andere Kultur erwachsen aus der eigenen Sinnkrise und der damit verbundenen Selbstinfragestellung. Was ist die beste Verfassung? Was ist der beste Weg zum Glück? Was ist die gerechteste Lebensform? Was sind die besten Gesetze? Solche Fragen erstehen aus dem Zusammenbruch selbstverständlicher und unhinterfragter Traditionen. Sie brechen zuerst zuhause auf, bevor man sie in die Fremde trägt. Hekataios und Herodot waren davon noch nicht umgetrieben; diese Fragen gehören in den Zusammenhang der sophistischen Aufklärung des späten 5. und 4. Jahrhunderts. Sie bestimmen auch die beiden umfassenden Ägyptenbeschreibungen, die den Anfang und das Ende der ptolemäischen Herrschaft über Ägypten markieren: die *Aigyptiaka* des Hekataios von Abdera und das erste Buch der *Historischen Bibliothek* des Diodor von Sizilien, wobei uns das erstgenannte Werk nur in Exzerpten des zweiten erhalten ist.

Hekataios war ein Schüler des Skeptikers Pyrrhon, kam gegen 320 v. Chr. nach Alexandria und blieb dort 15 Jahre. Er wollte dem neuen Diadochenreich des Ptolemäus eine Geschichte an die Hand geben, auf der sich unter den neuen Bedingungen der hellenistischen Ökumene aufbauen ließ. Dafür erschien ihm jene sagenhafte Überlieferung ganz besonders geeignet, derzufolge Griechenland und große Bereiche der übrigen Welt von Ägypten aus kolonisiert worden seien. So konnte er Ptolemäus' ägyptische Machtergreifung als eine Art Heimkehr zum Ursprung deuten und dessen Herrschaftsgebiet als Wiege der Zivilisation über alle anderen erheben. Hekataios vertrat einen extremen Panägyptianismus, in dem sich einerseits genuin ägyptische Weltreichsphantasien widerspiegelten, wie sie im antipersischen Widerstand aufgekommen sein mochten, andererseits aber auch das Interesse des Lagidenhauses artikulierte, den geschichtlichen und kulturellen Vorrang des ihnen zugefallenen Ägypten vor allen anderen Völkern herauszustellen. Hekataios schrieb seine Darstellung aber auch als eine Art Fürstenspiegel für Ptolemäus I. und verlieh daher seiner Beschreibung des ägyptischen Königtums die idealen Züge einer Politeia im pythagoräisierenden Geist des Isokrates. Die letzte Beschreibung Ägyptens in griechischer

Sprache, die aus dem Altertum in toto erhalten ist, stellt das 17. Buch von Strabons *Geographia* dar.

In den fast dreihundert Jahren zwischen Hekataios und Diodor entfaltet sich auch eine reiche Ägyptenliteratur aus ägyptischer Feder, aber in griechischer Sprache. Damit gewinnt der griechische Ägyptendiskurs eine neue Dimension. Jetzt kommen Gelehrte und Priester zu Wort, die einen direkten Zugang zu den ägyptischen Quellen haben. Da sich von diesen zahlreichen Werken nur versprengte Notizen und Zitate erhalten haben, neigt man gern dazu, diesen genuin ägyptischen Beitrag zum griechischen Ägyptendiskurs zu vernachlässigen, und vergißt dabei, daß diese Werke auch von den griechischen Autoren wie Diodor, Plutarch, Porphyrios und Jamblichus gelesen wurden und deren Darstellungen mitgeprägt haben. Der bedeutendste dieser ägyptischen Autoren ist Manetho von Sebennytos, ein Priester, der seine Werke über ägyptische Geschichte, Religion und Kultur unter Ptolemäus II. in der ersten Hälfte des 3. Jahrhunderts v. Chr. verfaßt hat. Außer seinem Geschichtswerk *Aigyptiaka* werden ihm ein *Heiliges Buch* über Religion sowie Traktate *Über Feste*, *Über alte Religion und Riten* und *Über die Zubereitung von Kyphi* zugeschrieben. Manetho gab der ägyptischen Geschichte ihr dynastisch-chronologisches Gerüst, das wir noch heute benutzen, und konnte sich dabei auf ägyptische Königslisten stützen. Josephus Flavius überliefert in seiner Streitschrift gegen Apion, einen anderen Autor in der Reihe dieser ägyptischen Historiographen in griechischer Sprache, zwei umfangreiche Exzerpte aus Manethos *Aigyptiaka*, die zeigen, daß es sich dabei nicht nur um das Skelett von Königslisten und Jahresdaten handelte, sondern um erzählende Geschichtschreibung. Josephus verdanken wir auch die Kenntnis der meisten anderen ägyptisch-hellenistischen Schriftsteller. Allerdings zitiert er sie unter einem ganz speziellen Gesichtspunkt: als Verbreiter von Lügen über die Juden. Der Exodus der Juden wurde nämlich von diesen Autoren als ein Kapitel der ägyptischen, nicht der jüdischen Geschichte behandelt. Diese Legende, die sich auch bei Hekataios von Abdera, Tacitus und Strabon findet, kursierte im Altertum in vielen verschiedenen Versionen, von denen die meisten sich darin einig sind, daß es sich um Vertriebene handelt, die Ägypten verlassen mußten, weil sie entweder selbst an Aussatz oder anderen ansteckenden Krankheiten litten oder weil ihre Anwesenheit im Lande den Zorn der Götter erregte und entsprechende Plagen über die Ägypter selbst brachte.

Der jüngste der von Josephus zitierten Autoren ist Chairemon, der, aus Alexandrien gebürtig und sehr wahrscheinlich ägyptischer Abstammung, es bis zum Prinzenerzieher von Nero brachte. Neben seiner *Ägyptischen Geschichte* schrieb Chairemon auch noch ein Werk über Hieroglyphen, von dem wir Fragmente besitzen. Die ausführlichsten Zitate, vermutlich aus dem Geschichtswerk, verdanken wir Porphyrius, der sich in seiner Abhandlung *De Abstinentia* auf Chairemons Darstellung des ägyptischen Priestertums stützt. Chairemon gehört jedoch bereits in eine neue Epoche der griechischen Ägyptenliteratur.

So wie die erste Epoche dieses Diskurses von historischen, geographischen, kulturgeschichtlichen und politischen Fragen bestimmt ist, steht die zweite Epoche eindeutig und einseitig im Zeichen der Religion. Religiöse Themen hatten auch in den Ägyptenbüchern der ersten Periode, bei Herodot, Hekataios von Abdera und vor allem Diodor eine bedeutende Rolle gespielt. Aber sie bildeten dort einen Teil der Kulturgeschichte. Jetzt bilden sie den ausschließlichen Gegenstand. Zwei Bücher haben sich in toto erhalten: Plutarchs Traktat *De Iside et Osiride* (um 120) und Jamblichs *Brief des Abammon*, bekannt unter dem Renaissancetitel *De mysteriis Aegyptiorum* (um 300). Auch die Texte in griechischer Sprache, hinter denen – in diesem Fall muß man allerdings hinzusetzen: möglicherweise auch – ägyptische Autoren stehen, sind religiösen Inhalts: die als *Corpus Hermeticum* überlieferten Schriften. Dabei bilden, wie vor allem G. Fowden gezeigt hat, diese Texte den ›philosophischen‹ Teil einer Sakralliteratur, deren ›technischer‹ Teil auch magische, medizinische und alchemistische Schriften umfaßt. Zu dieser ägyptischen ›Sakralkunde‹ gehört auch die Hieroglyphik. Ihr hatte Chairemon ein Buch gewidmet, das nicht erhalten blieb. Erhalten hat sich dagegen ein Manuskript mit zwei Büchern *Hieroglyphika* von Horapollon Nilotes (›der Ägypter‹), das 1419 von einem italienischen Reisenden in einem

Kloster auf der Insel Andros entdeckt wurde und bei seinem Bekanntwerden im Westen Furore machte. Horapollon entstammte wie der Philosoph Plotin und der Alchemist Zosimos aus Panopolis, und zwar aus einer bedeutenden Familie, von der mehrere Mitglieder literarisch hervorgetreten sind. Er schrieb sein Hieroglyphenbuch im frühen 5. Jahrhundert, zu einer Zeit also, aus der keine hieroglyphischen Inschriften mehr überliefert sind und die praktische Beherrschung der Schrift wohl ausgestorben war.

Diese Konzentration der griechischen Ägyptenliteratur auf religiöse Themen hängt mit der radikalen Entpolitisierung der ägyptischen Kultur zusammen, die mit der Eingliederung Ägyptens ins Römische Reich einherging. Die politischen Aspekte Ägyptens, d.h. seine dynastische Geschichte, seine ›Politeia‹, seine soziale Gliederung in erbliche Berufsstände, spielten jetzt keine Rolle mehr. Was allein interessierte, war seine ›Weisheit‹. Dabei kommt aber auch hinzu, daß Fragen der Religion im 2. und 3. Jahrhundert, dem *age of anxiety* jetzt viel mehr im Zentrum stehen als früher. Ging es vorher um Kulte, geht es jetzt um Glaubenssysteme. Ging es vorher um die Funktion der Religion im Ganzen des Gemeinwesens, geht es jetzt um persönliche Heilssuche. Philosophie und Religion waren als Grundlegung und Orientierung der Lebensführung eine neue und unauflösliche Verbindung eingegangen. Was jetzt vor allem anderen an Ägypten interessierte, war seine Weisheit und Gottesnähe.

/ III. / Die großen Themen

1. Theologie

Herodot über die Artikulation der Götterwelt

Mit seiner verblüffenden These, daß die meisten ›Namen‹ *(ounómata)* der griechischen Götter von den Ägyptern übernommen worden seien, verbindet Herodot eine evolutionistische Religionstheorie. In früheren Zeiten hätten die Pelasger, die vorgriechischen Ureinwohner Griechenlands, die Götter kollektiv angebetet. Erst die Ägypter haben die Götter nach Namen und Zuständigkeiten unterschieden; von ihnen haben es die Griechen übernommen und es dadurch möglich gemacht, die Götter individuell anzurufen. Darauf bezieht sich wohl Lukian in seiner Schrift über die syrische Göttin (*De Dea Syria*, cap. 2): »Die Ägypter sollen die ersten von allen uns bekannten Völkern gewesen sein, die sich Begriffe von den Göttern gemacht haben. Nicht viel später hörten die Syrer von den Ägyptern die Rede über die Götter und errichteten Tempel und Heiligtümer.«

Herodot stellt damit den Polytheismus als eine Leistung der Hochkultur heraus, mit der eine religionsgeschichtlich höhere Stufe erreicht wird. Auf der Ebene der primitiven oder Stammesreligion, wie sie von den Pelasgern vertreten wird, steht das Göttliche nur in Form anonymer und nicht weiter unterscheidbarer Mächte im Blick. Die Pelasger nannten sie ›Ordner‹ *(theoi,* von *tithemi)*. Es geht also um die begriffliche und sprachliche Artikulation des Göttlichen als eines bis dahin undifferenzierten semantischen Komplexes. Für die Griechen haben die Dichter, Homer und Hesiod, diese Artikulation besorgt, aber das ist eine moderne, kaum mehr als 400 Jahre alte Errungenschaft. Bei den Ägyptern sind diese Namen seit Jahrtausenden in Gebrauch. Allerdings besteht Herodot darauf, daß die Griechen nicht nur die ›Begriffe‹, sondern die ›Namen‹ der Götter von den Ägyptern übernommen hätten. Und er setzt hinzu: Das ist, was sie selbst sagen.

Was die Ägypter Herodot sagen wollten, ist, daß sie die ersten waren, die das Wesen der Götter herausgefunden, ihre Mythologie und Theologie sowie den kultischen Kontakt mit ihnen etabliert und ihre begrifflichen Definitionen festgestellt haben. Von ihnen haben dann die anderen Völker das Wissen um die Götter übernommen. Diese Deutung bestätigt sich an der Ausnahme, die Herodot anführt. Er sagt nämlich, nur Poseidon und die Dioskuren seien nicht ägyptischen Ursprungs. In der Tat: Die Ägypter kennen keinen Gott des Meeres. Das Meer spielt im ägyptischen Pantheon keine Rolle. Die Ägypter sprachen also von ihren Göttern im Sinne ihrer begrifflichen Definitionen. Aber sie sprachen zu Herodot nicht von Amun, Re, Thot, Osiris usw., sondern benutzten die griechischen Namensformen.

Der Fall ist wichtig, weil er deutlich macht, daß es sich bei der *interpretatio Graeca* der ägyptischen Götterwelt nicht um eine Manifestation griechischer Kombinations- und Erfindungsgabe handelt, sondern um eine von den Ägyptern systematisch und in gleicher Weise wie vorher von den Babyloniern verwendete Kulturtechnik. Ihnen ging es aber nicht darum, die Welt zu ägyptisieren, sondern die als überlegen empfundene griechische Sprache und Kultur als ein Medium zu benutzen, innerhalb dessen man die eigene Kultur zum Ausdruck bringen und in ihrer ganzen Überlegenheit für die anderen sichtbar machen konnte. Die Ägypter selbst hatten ein Interesse an solcher Übersetzung ihrer Götter ins Griechische. Sie wollten damit nicht nur zeigen, daß über die kulturellen Grenzen hinweg hier wie dort dieselben Götter verehrt werden, sondern erhoben gleichzeitig den Anspruch, die ersten gewesen zu sein, die diese Verehrung entwickelt hatten, indem sie die Götter erkannten und die Verbindung zu ihnen aufnahmen.

Als 100 Jahre später die Griechen Ägypten eroberten und die Verwaltung des Landes übernahmen, wurden zuallererst die ägyptischen Städte umbenannt, um ihre Namen für griechische Zungen aussprechbar zu machen. Dabei ging man folgendermaßen vor: Alle Städte wurden nach ihren Stadtgöttern benannt. In der Regel konnte man die Götternamen in ihrer längst eingespielten griechischen Form übernehmen und -polis anhängen, z. B. Antaiopolis, Aphroditopolis, Apollinopolis, Diospolis, Eileithyiapolis, Hermupolis, Heliopolis, Herakleopolis, Letopolis usw. In einigen anderen Fällen, wo entweder ein griechisches Äquivalent nicht auffindbar war oder um

Doppelungen zu vermeiden, nahm man das heilige Tier und prägte Namen wie Hierakonpolis, Krokodilopolis, Kynopolis, Lykopolis, Leontopolis, Oxyrhynchos usw. Ebenso verfuhr man mit theophoren Eigennamen. Aus Petephre (dem hebräischen Potiphar) wird Heliodor, aus Thutmose wird Hermogenes usw. Hier wird der volkstümliche und genuin ägyptische Charakter dieses Verfahrens vollends evident.

Politische Theologie

Von dem auffallenden Phänomen solcher Zuordnung der ägyptischen Städte zu bestimmten Gottheiten und heiligen Tieren schlossen die Griechen auf einen systematischen Zusammenhang zwischen Landeseinteilung und Polytheismus. Schon Herodot traf diesbezüglich eine hochinteressante und absolut zutreffende Feststellung. Die Ägypter verehren in allen Gauen andere Gottheiten, nur Isis und Osiris sind allen gemeinsam. (II, 42) In der Tat hatte sich in der 3. Zwischenzeit mit dem Zerfall der politischen Einheit und damit auch des überregionalen Staatskults eines ›Reichsgottes‹ die Isis-Osiris-Religion in allen Tempeln ausgebreitet und war zum tragenden Ausdruck der religiösen und kulturellen Einheit des Landes jenseits aller regionalen Differenzen geworden. Im Laufe desselben Prozesses hatten sich diese regionalen Differenzen enorm verschärft. Auch diese Zuordnung von Landesteilen (›Gauen‹, *nomoi*) und Gottheiten, Kulten, heiligen Tieren und damit verbundenen Speise- und Opfertabus war von den Griechen als eine bedeutende kulturelle Leistung eingestuft worden. Diodor schrieb sie einem »besonders weisen König« der Frühzeit zu. Dieser habe »das Land in eine Anzahl von Bezirken eingeteilt und den Einwohnern die Verehrung eines bestimmten Tieres bzw. die Enthaltsamkeit von bestimmten Speisen vorgeschrieben«, so daß jedem Gau etwas heilig sei, was in anderen verabscheut würde, um damit zu verhindern, daß sich jemals einzelne Gaue miteinander verbünden und gegen die Zentralherrschaft rebellierten. (I, 89.5)

Hier wird der Tierkult nicht nur im Sinne des Totemismus als System einer symbolischen Klassifikation erklärt, die auf der Ebene des Heiligen die Vielheit und Differenziertheit der politischen Identität Ägyptens zum Ausdruck bringen soll, sondern auch als eine politische Theologie, die durch Markierung von Differenz die Regierbarkeit des Reiches sichern soll. Dieselbe Leistung wird von anderen Autoren Thot-Hermes zugeschrieben und von dem jüdischen Autor Artapanos sogar Moses, der zusammen mit der Hieroglyphenschrift und anderen kulturellen Errungenschaften ausgerechnet den Polytheismus und die Landeseinteilung in Gaue eingeführt haben soll. (fr. 3)

Bei Diodor findet sich eine politische Theologie der Gesetzgebung, die auf denselben rationalistischen Überlegungen beruht und möglicherweise auf dieselbe Tradition der griechischen Aufklärung zurückgeht. Das ist die Theorie der sechs großen Gesetzgeber, die es verstanden hätten, ihren Gesetzeswerken eine zeitüberdauernde Stabilität und absolute Autorität zu verschaffen, indem sie sie als göttliche Weisungen ausgaben. Der erste ägyptische König und Kulturstifter, den Diodor bald Menas oder Menes, bald Mnevis nennt, »ein Mann, nicht nur groß an Seele, sondern in seiner Lebensführung auch der sozialdenkendste *(koinótatos)* aller überlieferten Gesetzgeber«, war auch der erste, sich dieses Prinzips zu bedienen. »Er behauptete, daß Hermes ihm die Gesetze gegeben habe.« So berief sich in Kreta Minos auf Zeus und Lykurg bei den Spartanern auf Apollon, Zarathustra bei den Iranern *(arianoi)* auf Ahura Mazda *(Agathos Daimon)*, Zalmoxis bei den Getern auf Hestia und Moses bei den Juden auf Jahwe *(Iao)*. (I, 94.1–2) Diese Stelle wird ebenso wie das Fragment des Kritias im 18. Jahrhundert zu einem zentralen Referenztext der radikalen Aufklärung. Von den sechs Gesetzgebern ist es nur ein Schritt zu den ›drei Betrügern‹. Auch zu dieser These sind die Griechen im Rahmen ihres Dialogs mit Ägypten gekommen.

Bei Herodots Berichten über ägyptische Kulte und Feste fällt seine sorgfältige und betonte Verschweigung des Namens Osiris ins Auge. Bei keiner anderen ägyptischen Gottheit, aber auch bei keiner anderen Religion übt er dieses Verfahren. Die ägyptischen Texte wissen von keinem solchen Namenstabu. Das einzige, was sich hier vergleichen läßt, ist die Institution des ›Abaton‹, eines heiligen Haines, in dem ein Osirisgrab lag und der als so unbetretbar galt, daß nicht einmal Vögel sich auf seinen Bäumen niedergelassen haben sollen. In der Spätzeit scheint allen größeren Tempeln ein solches Abaton angegliedert worden zu sein. Das ist der von den Griechen mit so besonderer Aufmerksamkeit registrierte Reliquienkult der von Seth zerrissenen und von Isis in jedem Gau bestatteten Körperteile des Osiris. (Diodor I, 21) In diesem Zusammenhang erzählt Diodor eine Geschichte, die geradezu als Vorwegnahme von Lessings Ringparabel gelten kann. Isis wünschte, daß das Grab des Osiris zugleich geheim bleibe und doch von allen Einwohnern Ägyptens verehrt werde. Also bildete sie um jedes einzelne Körperglied herum einen Leichnam in Gestalt des Osiris und gab den Priesterschaften eines jeden Gaues ein solches Präparat mit der Eröffnung, ihnen allein die Bestattung ihres Gatten anzuvertrauen unter der Bedingung striktester Geheimhaltung. So glaubte sich jeder Gau im Besitz des wahren Leichnams und hütete dieses Wissen als großes Geheimnis.

Auch Diodor bezeichnet die Überlieferung vom Tod des Osiris als ›aporrhetos‹, ein zu verschweigendes Geheimnis. Auch die ägyptischen Begründungen des Tierkults nennt er ein ›aporrheton dogma‹. (I, 86) Unter diesen Begründungen erwähnt er als erste die berühmte Fabel von der Flucht der Götter, die sich aus Furcht vor der Gesetzlosigkeit der frühen Menschen in Tiergestalten versteckt und später diese Tiere aus Dankbarkeit für heilig erklärt hätten. Diese Fabel erzählen auch Nikandros (bei Antoninus Liberalis) und Ovid. (*Metamorph. Buch* III, Nr. 5)

Die eindrucksvollste und einflußreichste Darstellung des esoterischen Charakters der ägyptischen Religion verdanken wir Plutarch. In seiner Schrift über Isis und Osiris schreibt er:

»Wenn unter den Ägyptern ein König aus dem Militärstand gewählt wird, bringt man ihn von Stund an zu den Priestern und unterrichtet ihn in jener Arkantheologie, die geheimnisvolle Wahrheiten unter obskuren Fabeln und Allegorien verbirgt. Daher stellen sie Sphingen vor ihren Tempeln auf, um zu bedeuten, daß ihre Theologie eine gewisse arkane und rätselvolle Weisheit enthält.« (*De Is.*, 354, Kap. 8)

Die beiden anderen Beispiele, die Plutarch für den Geheimnischarakter der ägyptischen Religion anführt, sind der Name des höchsten Gottes, der – hier beruft sich Plutarch auf Manetho und trifft daher das Richtige – ›das Verborgene‹ bedeuten soll, und die Inschrift auf dem Sitzbild *(to hedos)* der »Athena, die sie auch Isis nennen«, die im 18. Jahrhundert durch Kant und Schiller so berühmt werden soll: »Ich bin alles, was da war, ist und sein wird; kein Sterblicher hat meinen Mantel *(peplos)* gelüftet.« (354 C) Dieselbe Inschrift überliefert auch Proklos in seinem *Timaios*-Kommentar, und zwar mit drei sehr entscheidenden Änderungen. Statt ›kein Sterblicher‹ heißt es bei ihm ›niemand‹, was die Götter einschließt. Statt ›peplos‹ (ein Obergewand) heißt es *chiton* (ein Untergewand), was dem Akt des ›Lüftens‹ *(apokalypto)* eine sexuelle Konnotation verleiht. Diese Konnotation wird durch den bei Plutarch fehlenden Zusatz verstärkt, der da lautet: »Die Frucht meines Leibes ist die Sonne.« Der Satz hat also, so ähnlich er klingt, bei Proklos eine ganz andere Bedeutung; er bezieht sich nicht auf eine erkenntnistheoretische Aporie – die schlechthinnige Entzogenheit der Wahrheit –, sondern auf die Parthenogenese der Sonne aus dem Leib einer mütterlichen Ur- und Allgottheit. Proklos hat den Satz also gewiß nicht von Plutarch abgeschrieben, sondern benutzt unabhängig von Plutarch eine andere Quelle.

Den Eingeweihten, Priestern und Herrschern, wird strengste Verschwiegenheit auferlegt. Deren Symbol ist der Gott Harpokrates, der als Kind mit dem Finger am Mund dargestellt wird. Hierzu Plutarch:

»Den Harpokrates der Ägypter darf man nicht für einen unvollkommenen und kindlichen Gott halten, sondern für den, der über die Rede der Menschen bezüglich der Götter gesetzt ist, die nur unvollkommen, stammelnd und unartikuliert ist, und zugleich der, der sie reguliert und korrigiert; wobei der Finger an seinem Mund ein Symbol für Schweigen und Verschwiegenheit ist.« (Kap. 68)

Die ägyptische Religion umgibt von alters her das Heilige mit der Aura des Geheimnisvollen und Unzugänglichen. Und Schweigen galt in Ägypten als höchste Tugend. Vielleicht sind sich die Griechen im Spiegel dieser Kultur selbstkritisch eines ihrer Charakterzüge bewußt geworden, der dieser Haltung entgegengesetzt war: der ›verwegenen Neugier‹. Pausanias (10, 32, 17) erzählt, ein Uneingeweihter habe einmal »aus Neugierde und Kühnheit« *(hypò polypragmosýnes te kaì tolmes)* am Isisfest bei Tithorea in der Phokis das Adyton betreten. Alles sei ihm dort voller *eidola* erschienen. Als er nach seiner Rückkehr zuhause davon erzählte, sei er gestorben. Vielleicht ist es kein Zufall, daß Isis hier eine Rolle spielt. Mit Isis steht auch die Geschichte des von Neugier und Verwegenheit umgetriebenen Lucius in Verbindung, die Apuleius in seinem Roman *Der Goldene Esel* erzählt. Hier heilt ihn Isis durch die ersehnte Einweihung in die Mysterien von seiner krankhaften Neugier *(curiositas)*. Wir werden abschließend auf dieses Thema zurückkommen, weil sich hier vielleicht einmal etwas vom Griechenbild der Ägypter und ihrer Reaktion auf die griechische Neugier greifen läßt.

Mit religiösen Geheimnissen meinten die Ägypter aber keine ›Mysterien‹ im griechischen Sinne, d.h. Geheimnisse, in die sich jeder, der sich ernsthaft darum bewarb, einweihen lassen konnte, um damit einen besonderen Status der Zugehörigkeit zu der betreffenden Gottheit – Demeter, Dionysos, Magna Mater, die kabirischen Gottheiten, Mithras, Isis – zu erhalten. Geheimheit war eine Begleiterscheinung der kultischen Reinheit; die meisten Riten fanden unter strengstem Ausschluß der Öffentlichkeit statt. Insbesondere die Riten, die mit Tod und ›Auferstehung‹ des Osiris zu tun hatten, waren mit Geheimnis verbunden, weil der Leichnam vor den Nachstellungen des Seth (gr. Typhon) geschützt werden mußte. Das ›Osirisgeheimnis‹ war die Tatsache seines Todes. In diese Vorstellungen und Bräuche lasen die Griechen ihre Mysterienkulte hinein, die sie natürlich angesichts des überragenden Alters der ägyptischen Kultur ebenfalls für Entlehnungen aus Ägypten halten mußten. (Her. II, 171; Hekataios ap. Diodor I, 22,4)

Isis und Sarapis

Die Einrichtung des Kultes von Isis und Sarapis in Alexandrien und die Verbreitung von Isis- (und Sarapis-) Mysterien in der gesamten damaligen Welt gehört zu den erstaunlichsten und folgenreichsten Ergebnissen der griechischen Begegnung mit Ägypten. Mit der ›Schaffung‹ des Gottes Sarapis knüpften die Ptolemäer an das traditionelle Institut des ›Reichsgottes‹ an, das nach dem Untergang des Neuen Reichs Ende des 2. Jahrtausends in allmählichen Verfall geraten war. Der Reichsgott verkörperte und beherrschte die Gesamtheit des Landes ebenso wie die einzelnen Stadt- bzw. Gaugötter ihre Region. Der Reichsgott Ägyptens war seit alters der Sonnengott, und jeder neue Prätendent, wie etwa Amun, der Gott Thebens und des thebanischen Gaus, mußte dem Sonnengott gleichgesetzt, also Amun-Re werden, um dieses Amt auszufüllen. Diese traditionelle politische Theologie geriet mit der monotheistischen Revolution Echnatons in eine schwere Krise, was in der nachfolgenden ramessidischen Restauration zur Schaffung einer ›Reichstriade‹ führte, in der die drei Götter der heiligen Städte Ägyptens, Amun von Theben, Ptah von Memphis und Re von Heliopolis, vereinigt waren. Osiris hatte in diesem Zusammenhang nie eine Rolle gespielt. Das war in der Spätzeit grundsätzlich anders geworden; jetzt war Osiris zum höchsten Gott aufgestiegen und mit dem Sonnengott aufs engste verbunden bis verschmolzen. In dem ›synthetischen‹ Gott Sarapis verbinden sich Amun, Osiris und Re bzw. Zeus, Hades/Dionysos und Helios. In dem Element ›Apis‹ scheint auch Ptah von Memphis (griechisch Hephaistos) in Sarapis präsent, denn der Apis-Stier ist das heilige Tier des Ptah und verkörpert in der Spätzeit die memphitische Kultregion.

Den Gott Sarapis gibt es nur griechisch; in die ägyptischen Inschriften und Ikonographie wird er nicht aufgenommen; hier heißt er Osiris. Umgekehrt nennen griechische Graffiti im Osiris-Tempel von Abydos den Gott meist ›Sarapis‹. Er ist also kein neuer Gott, der dem traditionellen ägyptischen Pantheon hinzugefügt worden wäre, sondern eine Übersetzung, die den höchsten Vertreter oder die umfassende Verkörperung des ägyptischen Pantheons der nichtägyptischen Welt im Medium der hellenistischen Formensprache sichtbar macht. Auch das entspricht dem ägyptischen Begriff des Reichsgottes: Dieser präsidiert nicht nur den anderen Göttern, sondern er begreift sie auch in sich als Symbole, Bilder, Sonderformen seines allumfassenden Wesens. Besonders wichtig ist die Gleichsetzung von Sarapis und Aion, dem Gott der Zeitfülle oder Ewigkeit. Aber ›Gleichsetzung‹ ist nicht ganz das richtige Wort, denn einen Gott ›Aion‹ oder ägyptisch Neheh hat es unabhängig von dieser Verbindung vorher nicht gegeben. ›Aion‹ ist also eher eine Erscheinungsform des Sarapis. Die Herrschaft über die Zeit in ihrem charakteristischen ägyptischen Doppelaspekt als unabsehbare Ausdehnung und als unaufhörliche Wiederkehr gehört nun aber zu den typischen Eigenschaften der in Sarapis eingegangenen ägyptischen Götter Re, Amun, Ptah und Osiris.

Die Mysterien der Isis

Die Gestalt der Isis wie auch die Organisation ihrer ›Mysterien‹ nach dem Vorbild der eleusinischen Mysterien sind griechische Schöpfungen, die aus dem griechischen Dialog mit Ägypten hervorgegangen sind. Isis wird jetzt zur allumfassenden, trans-nationalen, -kulturellen und -religiösen Weltgöttin. So wie der bewußt ägyptisierende Kult ihren ägyptischen, so betont ihre Theologie ihren universalen Charakter. Einer der vier Hymnen, die Isidorus von Narmuthis auf Pfeilern des Isis-Thermuthis-Tempels in Medinet Madi anbringen ließ (1. Jh. v. Chr.?) lautet:

Alle Sterblichen, die auf der grenzenlosen Erde leben,
Thraker, Griechen und Barbaren,
sprechen deinen schönen Namen aus, ein Name, hochgeehrt bei allen,
(aber) jeder spricht in seiner eigenen Sprache, in seinem eigenen Land.
Die Syrer nennen dich: Astarte, Artemis, Nanaia,
die lykischen Stämme nennen dich Leto, die Herrin,
die Thraker nennen dich Mutter der Götter
und die Griechen ›Hera vom Großen Thron‹, Aphrodite,
Hestia die gütige, Rhea und Demeter.
Aber die Ägypter nennen dich Thiouis (›die Eine‹),
weil du, die Eine, zugleich alle bist, die von den Völkern der Menschen angerufen werden.

Ähnlich wie die französische führte bereits die griechische Aufklärung zu Begriff und Verehrung eines ›Höchsten Wesens‹ (der griechische Ausdruck ist: *hypsistos*, ›der Höchste‹) als eines Gottes, der nicht nur, wie bisher, als Höchster Gott des vertrauten Pantheons verstanden wird, sondern schlechthin aller von den verschiedenen Völkern der Erde verehrten Götter. Die Isismysterien übersetzen diesen philosophischen (vor allem stoischen) Gottesbegriff in die konkreten Formen eines ägyptisierenden Mysterienkults. Einen besonders eindrucksvollen Ausdruck findet dieser Universalismus der Isistheologie bei Apuleius, also einem lateinischen Text:

»Da bin ich, Lucius, durch dein Gebet gerührt, die Mutter der Natur *(rerum nature parens)*, die Herrin aller Elemente, erstgeborenes Kind der Zeit *(saeculorum progenies initialis)*, die Höchste der Gottheiten, Königin der Toten, Erste der Himmlischen, die alle Götter und Göttinnen in einer Erscheinung vereinigt *(deorum dearumque facies uniformis)*, die ich mit meinem Wink über des Himmels lichte Gewölbe, des Meeres heilsame Lüfte und der Unterwelt vielbeweinte Stille gebiete, die alleinige Gottheit, welche unter mannigfacher Gestalt, verschiedenartigen Riten und vielerlei Namen der ganze Erdkreis verehrt, so nennen die Phrygier ... mich Pessinunita ..., die Athener ... nennen mich kekropische Athena, die Kyprier nennen mich paphische Venus, die Kreter Diktynna, die Sizilianier ortygische Prosperpina; die Eleusinier nennen mich Demeter, andere Hera, wieder andere Bellona und Hekate und Rhamnusia. Aber die Äthioper und die Ägypter, die die ursprüngliche Lehre besitzen, ehren mich mit eigenen Bräuchen und nennen mich mit meinem wahren Namen Königin Isis.«

Dieser Roman ist auch der einzige antike Text, der uns über die Einweihung in die Isismysterien unterrichtet. Als der Tag der Einweihung endlich kommt, wird Lucius zunächst gebadet (getauft), wozu der Priester »die Verzeihung der Götter ausspricht«. Das Bad hat also den sakramentalen Sinn einer Sündenvergebung. Am Abend dieses Tages folgt die Einweihung, von der Apuleius nur Andeutungen gibt:

»Ich habe das Gebiet des Todes betreten, meinen Fuß auf die Schwelle der Proserpina gesetzt, und bin, nachdem ich durch alle Elemente gefahren bin, wieder zurückgekehrt. Mitten in der Nacht habe ich die Sonne in weißem Licht strahlen sehen. Den unteren und den oberen Göttern bin ich von Angesicht zu Angesicht gegenübergetreten und habe sie aus der Nähe angebetet.«

Hier scheint es um eine symbolische Unterweltsfahrt zu gehen, wobei diese Unterwelt ganz im ägyptischen Sinne als das unterirdische Reich der Mitternachtssonne dargestellt wird.

Plutarch widmet seine Schrift *De Iside et Osiride* einer Verehrerin der Isis. Darin gibt er dem Mythos von Isis und Osiris eine Wendung ins Philosophische. Die kultisch-rituelle Seite der Mysterien spielt bei ihm keine Rolle. Osiris wird zum Logos, zur alles verbindenden und durchwaltenden Vernunft, zum Sinnzusammenhang der Welt, zur Wahrheit. Den Namen der Isis leitet Plutarch von dem griechischen Wort *isemi* und *eidenai* ab; sie ist die Göttin der Weisheit und des Wissens; oder vielmehr des Strebens nach Wissen, denn in ihrem Namen steckt auch das Verb *iesthai* ›hineilen‹. Diese unermüdlich hineilende Bewegung auf das Wissen und die Wahrheit hin wird im Mythos als die unermüdliche Suche nach den verstreuten Gliedern des zerrissenen Osiris dargestellt. Diese Suche deutet Plutarch als Allegorie des unabschließbaren philosophischen Projekts der Wahrheitssuche. Seth-Typhon ist der Feind der Philosophie, der »aus Unwissenheit und Täuschung ›verblendet‹ ist und das Heilige Wort zerfetzt und vernichtet, während die Göttin es wieder einsammelt und zusammensetzt und es den Menschen in der Mysterienweihe übergibt«. (Kap. 3 Übers. Görgemanns) »Deshalb erzählen sie nicht ohne Grund, daß zwar die Seele des Osiris ewig und unzerstörbar sei, seinen Körper aber Typhon oft zerreiße und vertilge, den Isis umherirrend suche und zusammenfüge. Denn das wahrhaft Existierende und nur Begriffliche *(noeton)* und Gute ist stärker als Vernichtung und Wandel, doch die Bilder *(eikones)*, Begriffe *(logoi)* und Ideen *(eide)* und Ähnlichkeiten, die das sinnlich Wahrnehmbare und Körperhafte aus ihm abformt und empfängt wie die Siegelringe im Wachs, die sind nicht von Dauer, sondern es ergreift sie das Ungeordnete und Wirrige (dieser Welt) hier, aus der Region oben vertrieben und mit Horus kämpfend, den die Isis als ein Bild des nur Begrifflichen als (sinnlich) wahrnehmbares Weltall gebiert.« (Kap. 53) Der Körper des Osiris wird hier erklärt als der Logos oder Vernunft- und Sinnzusammenhang der Welt im Modus seiner sinnlichen Wahrnehmbarkeit, der hienieden immer nur im Zustand der Zerrissenheit, Verstreutheit und Fragmentierung auftritt. Isis ist die Verkörperung der Philosophie, die diesen in zahllose Stücke zerrissenen Vernunft- und Sinnzusammenhang der Welt wieder in das Ganze eines Kosmos einzusammeln bestrebt ist.

2. *Priestertum als Lebensform*

Ein wichtiges Thema des griechischen Ägyptendiskurses müssen die priesterlichen Lebensregeln gewesen sein, auch wenn sich davon nur wenige Reste vor allem bei Porphyrios und Jamblichos erhalten haben, die weitgehend auf Chairemon basieren. Die Griechen erblickten in der Lebensweise der ägyptischen Priester das Vorbild des *bios theoretikos (vita contemplativa)*, eines in Studium, Meditation und Gebet verbrachten Lebens, das an strikte Regeln gebunden ist und zugunsten geistiger Gottesnähe auf alle äußeren Genüsse und Glücksgüter verzichtet. Chairemons Priester leben im Tempel wie in einem Konvent und vermeiden den Umgang mit der Außenwelt. Sie üben sich in Askese und Selbstkontrolle, bewegen sich gemessenen Schritts, lachen nie und lächeln höchstens gelegentlich, schlagen die Augen nieder und verbergen die Hände in den Ärmeln. Sie wenden sich von der Welt ab und assimilieren sich der Gottheit. Als ›göttliche Männer‹ und ›Gottesfreunde‹ vermögen sie es, »aus eigener Kraft sich dem Höchsten Wesen von Angesicht zu Angesicht zu nähern«. (Porphyrios, *De Abstinentia* II, 52)

Pythagoras soll diesen Lebensstil bei den ägyptischen Priestern erlernt und dann zur Grundlage seiner eigenen Gemeinschaft gemacht haben. Auch Plutarch betont die Analogien zwischen der Lebensform der ägyptischen Priester und den pythagoräischen Lebensregeln. Von den Ägyptern soll Pythagoras auch seine rätselhaften Vorschriften, die *symbola Pythagoraea* übernommen haben wie z. B. »nicht auf dem Wagen essen«, »nicht mit dem Schwert das Feuer schüren«, in denen man ›Hieroglyphen‹ sah, geheimnisvolle Zeichen im Medium nicht der Schrift, sondern des Verhaltens. (Plutarch, *De Is.* 354E)

Eine besondere Rolle spielt die ägyptische Religion in der Diskussion um die blutigen Opfer, die im Zuge eines allgemeinen mentalitätsgeschichtlichen Wandels in der Zeit des Hellenismus in die Kritik geraten waren. Der Peripatetiker Theophrast schreibt den Ägyptern die erste Einrichtung von Götteropfern zu; diese hätten in Gräsern und Wurzeln bestanden, die man ins Feuer geworfen hätte. (Porphyrios, *De Abst.* II, 5) Die vegetabilischen Opfer sind die richtigen, weil sie um so vieles älter sind als die blutigen Opfer. Ägypten dient aufgrund seines hohen Alters als Norm und Vorbild; was man hier beobachtet, wirkt als Kritik auf die eigene Kultur zurück. Dabei hat es natürlich in Ägypten an Schlachtopfern nicht gefehlt, und es bleibt unklar, worauf sich Theophrast eigentlich stützt. Daß er ein Ägyptenkenner war, beweist jedoch seine Beschreibung der ägyptischen Pflanzenwelt. Die Diskussion um die blutigen Opfer schreibt sich ein in einen allgemeinen Prozeß der Spiritualisierung, der sich ganz besonders eng mit der gräco-ägyptischen Mentalität verbindet.

In diesen Zusammenhang gehört auch das Thema des einfachen Lebens. Diodor und Plutarch überliefern die Erzählung von dem Fluch, den König Tefnachte gegen Menes, den ersten ägyptischen König und Gründer der ägyptischen Kultur, ausgesprochen und auf einer im Amuntempel von Theben geweihten Stele aufgezeichnet haben soll. Tefnachte, ein König der 24. Dynastie und Gegenspieler des Äthiopenkönigs Piye, sei auf einem Feldzug einmal von seinem Nachschub abgeschnitten und dadurch gezwungen gewesen, wenig zu essen und auf Stroh zu schlafen. Das sei ihm so gut bekommen, daß er an diesem Lebensstil festgehalten habe. Der Fluch gilt Menes als dem Begründer eines luxuriösen Lebensstils; die Gründung des Staates gilt in dieser Rückerinnerung als gleichbedeutend mit dem Abschied vom einfachen Leben der Vorgeschichte. (Plutarch, *De Iside*, Kap. 8, 354AB; Diodor I, 45.1)

3. Politeia. Königtum, Stände und Kasten, Recht und Gesetze

Die auffallendste Eigentümlichkeit Ägyptens, so will es uns Heutigen scheinen, ist die Institution des Gottkönigtums. Der König nannte sich ›Horus‹ und ›Sohn des Sonnengottes‹: Er galt sowohl als Inkarnation als auch als Sproß eines Gottes. Einer seiner geläufigsten Titel war ›der präsente Gott‹. Die Könige der 26. Dynastie trugen diese Titel, ebenso wie die Ptolemäer. Umso eigentümlicher ist, daß diese Institution in den griechischen Darstellungen der ägyptischen Welt keine Rolle spielt. Daß Herodot diesen Punkt nicht erwähnt, mag sich daraus erklären, daß er eine persische Satrapie bereiste, in der es keinen Pharao gab. Trotzdem wundert man sich bei seinen ständigen Rückgriffen auf die 26. Dynastie, daß zwar einzelne Herrscher vorkommen, aber nicht die Institution des Königtums. Diodor seinerseits widmet dem ägyptischen Königtum einige Kapitel, erwähnt aber nichts von der damit verbundenen Göttlichkeit. Im Gegenteil, er schildert den König als einen an strikte Gesetze gebundenen und auf einen in allen Einzelheiten vorgeschriebenen Tageslauf festgelegten Menschen, der seine Untertanen allenfalls durch außerordentliche Tugenden, umfassende Bildung und strenge Methodik seiner Lebensführung überragte, aber nicht durch irgendeine Form von Göttlichkeit. (I, 70f.) Da man davon ausgehen muß, daß Diodor sich auch hier auf seinen Hauptgewährsmann Hekataios von Abdera stützt, darf man darin wohl eher das Programm als die Beschreibung einer Herrscherrolle sehen, also eine Art Fürstenspiegel. So wollte er das Pharaonenamt ausgefüllt sehen, in weitest möglichem Abstand von dem Schreckbild der orientalischen Despotie, wie es seit den Perserkriegen die griechische Ideologie pflegte und unlängst von Aristoteles noch einmal gezeichnet worden war. Im griechischen Denken gehörten die Begriffe Freiheit und Gesetz ebenso zusammen wie die Begriffe Despotie bzw. Tyrannis und Willkür. Daher hat der Begriff der gesetzgebundenen Monarchie eine innovative, ja geradezu paradoxe Stoßkraft.

Man versteht die Bedeutung dieser Aussparung aller mythischen Überhöhung erst, wenn man sich klarmacht, daß Alexander der Große unlängst den Mythos der Gottessohnschaft noch einmal in großartigster Manier ausagiert hat. Sein Besuch in Siwa und Luxor verrät eine intime Kenntnis der ägyptischen, dort schon seit Jahrhunderten nicht mehr praktizierten Tradition, die ihm nur durch hochgebildete ägyptische Informanten vermittelt worden sein kann. Warum haben diese Ägypter Hekataios davon nichts erzählt? War diese ganze Vorstellungswelt um das pharaonische Gottkönigtum vielleicht nur noch eine Sache hieroglyphischer Repräsentation, die in der Wirklichkeit gar nicht mehr in Erscheinung trat? Der einzige Grund kann doch nur darin liegen, daß er und vermutlich auch Ptolemaios I. selbst, der Historiker war und eine Geschichte Alexanders des Großen geschrieben hatte, diese Mythologie für inopportun hielten, deren Wiederbelebung durch Alexander seinem persönlichen Charisma zuschrieben und an dessen Institutionalisierbarkeit nicht glaubten.

Das Bild des Pharao als gesetzgebundenem Monarchen hat in Griechenland eine Tradition, die über Hekataios von Abdera auf Isokrates und seine

Schrift *Busiris* zurückverweist und letztlich, wie Froidefond (246ff.) vermutet, auf eine *Politeia Aigyption* aus pythagoräischer Tradition zurückgehen wird. *Busiris* entstand um 390 v. Chr. und ist eine Lobrede Ägyptens unter primär politischem Aspekt. In der Nachkriegszeit des Peloponnesischen Krieges, unter dem Eindruck äußerster politischer Instabilität und eines allgemeinen Zerfalls traditioneller Werte und Normen, erscheint die altägyptische Welt bestimmten konservativen Denkern, zu denen auch Platon gehörte, als der Inbegriff festgegründeter Ordnung, weiser Regierung, guter Gesetze und vorbildlicher Verfassung. *Busiris* wird als der erste und ideale Pharao dargestellt; als Erfinder, Gesetzgeber und Kulturbringer legt er die Fundamente der in ihrer Dauerhaftigkeit einzigartigen ägyptischen Kultur. In dem Namen verbirgt sich Osiris; zugleich kündigt er eine paradoxale Inversion an, denn Busiris ist in der griechischen Mythologie eine absolut negative Figur. Mit ihm verbindet sich das Schreckbild jedes aufgeklärten Humanismus, das Menschenopfer. Busiris läßt die Fremden, die es nach Ägypten verschlägt, den Göttern opfern, und erst Herakles sprengt, als auch er zum Altar geführt wird, seine Fesseln und erschlägt Busiris samt fünftausend Ägyptern, die der Opferung beiwohnten. Ein berühmtes schwarzfiguriges Vasenbild (Hydria von Caere, um 520 v. Chr.) stellt die von Herakles durch die Luft gewirbelten und hilflos durcheinander purzelnden Ägypter als Neger dar. Eine Figur, mit der sich solche Bilder verbinden, zum Symbol einer idealen politischen Ordnung zu wählen, ist eine vollkommene Umkehrung überlieferter Vorstellungen. Die Paradoxie liegt in der schon erwähnten Verbindung von Monarchie und Gesetz. Den Begriff der Alleinherrschaft als König, Despot oder Tyrann hat man den Begriffen Freiheit und Gesetz gegenübergestellt. Freie Menschen gehorchen dem Gesetz, Sklaven einem König. Diese im Hinblick auf Persien entwickelte Zwangsalternative wird im 4. Jahrhundert aufgebrochen. Dafür wird Ägypten wichtig: Es erscheint als eine dritte Option neben der orientalischen Despotie und der okzidentalen Demokratie. In dieser Zeit (und vielleicht schon vorher in pythagoräischen Kreisen) stand Ägypten für politische und kulturelle Stabilität, eine durch strikte Verpflichtung auf uraltgeheiligte Gesetze legitimierte Alleinherrschaft, eine klar definierte Funktion der Religion im Gemeinwesen (›politische Theologie‹) und eine philosophisch-politisch-religiöse Elite, zu der auch und vor allem der König gehörte. Der König war Philosoph, Gesetzgeber und Hohepriester. Von ihm gingen tiefe Einsichten, gute Gesetze und gottgefällige Riten aus. Auf diese Rolle Pharaos als Ritenstifter (*Busiris*, 28) mag sich Ptolemaios berufen haben, als er den Sarapiskult in Alexandrien einführte. Die priesterlich-philosophische Fundierung des ägyptischen Königtums bleibt ein Topos in der griechischen Ägyptenliteratur. Plutarch erwähnt, daß die zum Königsamt ausersehenen Prätendenten von den Priestern einer gründlichen Einweihung in die Geheimnisse der Religion unterzogen würden. (*De Is.*, Kap. 8) Eine entsprechende Auskunft findet sich auch bei Clemens von Alexandrien. (*Stromat.* V, cap. VII, 41.1) Dieser meint sogar, daß die letzten und höchsten Weihen überhaupt nur den künftigen Herrschern zukämen.

Der religiöse Aspekt und sogar so etwas wie eine besondere, exklusive Gottesnähe des Königsamtes werden hier durchaus anerkannt, aber in den priesterlichen Formen der Erziehung, Einweihung, Verpflichtung und Verantwortung, denen jede Art von dynastisch oder anders privilegierter Übermenschlichkeit abgeht.

Die Funktion der Religion im Staatswesen bestand in der Fundierung von Vertrauen, Gesetzestreue und Loyalität durch Gottesfurcht. (*Busiris*, 24–28) Diese funktionalistische Religionstheorie ist Erbe der sophistischen Aufklärung des 5. Jahrhunderts und kommt am klarsten im Fragment des Kritias zum Ausdruck. (fr. 43 F 19 Snell) Das Volk muß in Furcht vor den Göttern gehalten werden, damit es dazu gebracht wird, die Gesetze zu halten und den Staat zu tragen. Diese These wird von Isokrates auf Ägypten übertragen und damit positiviert. Die Erfindung der Religion entspringt nicht zynischem ›Priesterbetrug‹, sondern politischer Weisheit. Sie gehört zu den zivilisatorischen Errungenschaften, die die Erde bewohnbar machen. Sie funktioniert freilich nur, wenn ihr im Grunde fiktiver Charakter verborgen bleibt. Das ist das Geheimnis, auf dem religiöse und politische Ordnung beruhen. Das ägyptische System verdankt seine Stabilität dem absolut zentralen Platz, den es der Religion im Ganzen der politischen und gesellschaftlichen Ordnung des Gemeinwesens anweist.

Im selben Rahmen der Suche nach Stabilität und dauerhafter Orientierung beruft sich auch Platon auf Ägypten. In seinem Spätwerk, den *Gesetzen*, schreibt er, die Ägypter hätten »schon in der Frühzeit erkannt, daß die jungen Leute in ihren gewohnten Übungen nur mit schönen Stellungen und nur mit schönen Liedern zu tun haben sollten. Nachdem sie diesen Grundsatz aufgestellt hatten, stellten sie in ihren Tempeln auch dar, was und wie etwas schön sei. Darüberhinaus war es nun weder den Malern, noch anderen, welche Figuren und dergleichen verfertigen, erlaubt, Neuerungen zu machen oder irgendetwas von dem Altherkömmlichen Abweichendes zu erfinden. Noch jetzt ist es nicht erlaubt, weder in den genannten Stücken noch überhaupt in irgendeiner Musenkunst. Und bei näherer Betrachtung wirst du finden, daß Gegenstände, die dort vor 10000 Jahren gemalt oder plastisch dargestellt wurden (und ich meine das nicht wie man so sagt, sondern buchstäblich vor zehntausend Jahren) im Vergleich mit den Kunstwerken der heutigen Zeit weder schöner noch häßlicher sind, sondern genau dieselbe künstlerische Vollendung zeigen.« (*legg.* 656d–657a)

Platon bezieht sich hier auf Tanz, Erziehung und Ikonographie. Die Dekoration der Tempel versteht er als eine Art generativer Kulturgrammatik, die ein für alle Mal festlegt, was als wohlgeformte kulturelle Äußerungen zu gelten habe. Das liegt scheinbar weitab von Staat und Religion, aber die Beziehung wird klar, wenn man bedenkt, welche staatstragende Funktion Platon der Erziehung und den Musenkünsten einräumt. Zustimmend zitiert er den Musikologen Damon, der im 5. Jahrhundert v. Chr. die Auffassung vertrat, daß die Gesetze des Staates ins Wanken gerieten, wenn man etwas an den Tonarten veränderte.

Über 600 Jahre später kommt der neuplatonische Philosoph Jamblichos auf diese Theorie einer Kanonisierung der kulturellen Ausdrucksformen zurück und wendet sie ins Religiöse. Er schreibt, daß die Ägypter ihre altehrwürdigen Gebetstexte wie ›heilige Asyle‹ betrachtet und keinerlei Änderungen zugelassen hätten. »Weil nämlich die Götter die gesamten Sprachen der heiligen Völker wie der Ägypter und Assyrer für heilig erklärt haben, sind wir der Ansicht, daß unser mündlicher Verkehr mit den Göttern sich in jener Ausdrucksweise abwickeln müsse, die den Göttern verwandt ist. Auch ist die Form der Aussprache mit den Göttern derart die ursprünglichste und älteste... Deshalb also halten wir an dem Gesetze ihrer Überlieferung unerschütterlich fest, da diese Form den Göttern eignet und ihnen angepaßt ist.« (VII, 4) »Man muß also die altehrwürdigen Gebetsformeln wie heilige Asyle behüten, immer als die gleichen und in gleicher Weise, während man weder irgendetwas von ihnen wegnimmt, noch ihnen irgendetwas von anderswo zusetzt.« (VII, 5) Jamblich begründet das mit der Unveränderbarkeit der Götter. Das Heilige verändert sich nicht, also darf in den symbolischen Formen, die es zur Gegenwart bringen, präsentifizieren, keine Veränderung zugelassen werden. Die Griechen, so fährt er fort, sind neuerungssüchtig, »haben nichts Festes in sich und bewahren nichts so, wie sie es von irgendwem erhalten haben...« Daher ist jetzt so ziemlich alles an der Wirkungskraft der Namen und Gebete verloren gegangen. »Die Barbaren dagegen, konservativ in ihren Sitten, bleiben ebenso auch ihren alten Texten *(logoi)* treu. So sind sie auch den Göttern lieb und bringen ihnen Sprüche dar, die ihnen angenehm sind. Diese Sprüche aber zu verändern ist keinem Menschen unter gar keinen Umständen erlaubt.« (*De Myst.* VII, 4f.) Wie Platon Tänze und Ikonographie, so verbindet Jamblich Ritus und Sprache. Beide stellen den Konservatismus der Ägypter der Neuerungssucht der Griechen gegenüber.

Der wichtigste Bereich gesetzlicher Stillstellung bezieht sich auf die Gliederung der Gesellschaft. Auch hier galt für die griechischen Beobachter das Prinzip der Ausschließung von Wandel und Mobilität. Schon Herodot stellte die ägyptische Gesellschaft im Sinne eines Kastensystems dar. »Die Ägypter haben sieben verschiedene Kasten: die Priesterkaste, die Kriegerkaste, die Rinderhirten (vgl. II, 65), die Schweinehirten (II, 47), die Kaufleute (II, 141), die Dolmetscher und die Schiffer (II, 82).« Hier fehlt allerdings noch jeder Aspekt einer funktionalistischen Systematik. Erst Platon und Isokrates schaffen daraus die Theorie der Drei-Stände-Gesellschaft. Zwar entwirft

Platon in seiner *Politeia* dieses Modell ohne Bezugnahme auf Ägypten. Dafür wurde er aber des Plagiats geziehen: Viele seiner Leser meinten, daß er dieses Prinzip aus Ägypten entlehnt habe. (Proklos, *In Tim.* I, 76) Isokrates jedenfalls schildert die Einrichtung dieser dreigeteilten Gesellschaft als eine der Gründungsleistungen des Königs Busiris. (*Busiris*, 15; Aristoteles schreibt die Gründung des ägyptischen Kastensystems Sesostris zu: *Polit.* VII, 10, 1329ab) Die ersten beiden Stände, Priester und Krieger, entsprechen Herodot, der dritte Stand aber umfaßt alle Berufe der arbeitenden Bevölkerung, Hirten, Bauern, Fischer, Schiffleute, Kaufleute usw. Das entscheidende Prinzip dieser Gliederung ist nicht die Einteilung als solche, sondern das gesetzlich verankerte Verbot der sozialen Mobilität. Jeder hat in dem Stand zu verbleiben, in dem er geboren wurde. Auch hier gilt daher Stabilität als der höchste Wert.

Die philosophische (platonische, aristotelische) Theorie der Stabilität leitet diese von der Erkenntnis der Wahrheit ab; die Instabilität der menschlichen Dinge kommt von der Unwissenheit, auf die sie sich gründen. Daher besteht das wahrhaft entscheidende zivilisatorische Verdienst dieses Gesellschaftssystems in der Vorrangstellung, die es der Erkenntnis einräumt. Die Dreiteilung der Gesellschaft reflektiert die Dreiheit von Erkenntnis (Zeit), Verteidigung (Gewalt) und Versorgung (Reichtum) als den entscheidenden Ressourcen und Funktionen staatlich organisierten Zusammenlebens. Der große Vorsprung Ägyptens in Sachen der Erkenntnis ergibt sich aus der einzigartigen natürlichen Begünstigung in Sachen der Versorgung. Die jährliche Nilüberschwemmung sorgt für die Fruchtbarkeit und leichte Bebaubarkeit des Landes, so daß ein großer Teil des Volkes freigestellt werden kann, sich den geistigen Dingen zu widmen. Die so ermöglichte Muße *(schole)* führte zur frühzeitigen Entdeckung der Götter, Riten, Kulte, Schrift, Gesetze, Wissenschaften, Technologien und aller sonstigen intellektuellen Errungenschaften, auf denen die Kultur beruht und die andere Völker von den Ägyptern übernommen haben. Dieselbe ökonomische Kulturtheorie findet sich auch bei Aristoteles (*Metaphysik* I, 1 981b). Das Loblied, das Isokrates in seinem *Busiris* auf die *schole* anstimmt, gilt den Segnungen der *vita contem-*

plativa, die in Ägypten ihren Anfang nahm, weil nur dort die Natur den Menschen die nötige Zeit ließ, sich außer mit Versorgung und Verteidigung auch mit Erkenntnis zu beschäftigen. (*Busiris*, 21–23)

Bei Diodor gibt es nicht einen einzigen, alles ein für alle mal begründenden und festlegenden Gesetzgeber in Ägypten. Sein Menes/Mnevis, der auch bei ihm freilich die entscheidenden Grundlagen legte, hatte fünf Nachfolger. Sasychis ergänzte das von Menes instituierte Recht um genaueste Vorschriften im Umgang mit den Göttern. Außerdem erfand er die Geometrie und Astronomie. Sesoosis (=Sesostris) schuf das Kriegsrecht. Bokchoris führte die Regeln und Riten ein, die das Königsamt umgaben, und schuf das Vertragsrecht. Amasis zeichnete die Gesetze auf, die »die Zuständigkeiten der Gaufürsten sowie das gesamte Verwaltungswesen regelten«. Als Letzter in dieser Reihe erscheint der Perserkönig Darius I., der sich, um die Greueltaten seines Vorgängers Kambyses an den ägyptischen Tempeln wiedergutzumachen, in Zusammenarbeit mit den ägyptischen Priestern um Theologie und Tempelrecht kümmerte. (I, 94.2–95.5) Ein demotischer Text aus sehr viel späterer Zeit (die *Demotische Chronik*) notiert, daß unter Darius im Jahr 3 (519 v. Chr.) eine Kommission eingesetzt wurde, die »das frühere, bis zum 44. Lebensjahr des Amasis gültig gewesene Recht erfassen« sollte.

4. Zeit, Geschichte, Gedächtnis

Die Begegnung mit Ägypten bedeutete für die Griechen eine tiefe Erschütterung ihres historischen Bewußtseins. Davon erzählen zwei Anekdoten, die in diesem Zusammenhang paradigmatische Bedeutung besitzen. Die eine erzählt Herodot über Hekataios von Milet, der vor ihm gegen Ende des 6. Jahrhunderts Ägypten bereist hat, die andere erzählt Platon über Solon. Beide Erzählungen beruhen auf *oral history*, das heißt auf persönlichen Erinnerungen an Erlebtes. Platon läßt seine Geschichte von Kritias vortragen, der sie als zehnjähriges Kind von seinem damals neunzigjährigen Großvater gehört hat. Der wiederum hat sie von Solon selbst vernommen, mit dem er befreundet war. Wir bewegen uns hier in den höchsten Kreisen der attischen Aristokratie.

»Es gibt in Ägypten, erzählte Kritias, in dem Delta, um dessen Spitze herum der Nilstrom sich spaltet, einen Gau, welcher der saïtische heißt, und die größte Stadt dieses Gaus ist Saïs, von wo ja auch der König Amasis gebürtig war. Die Einwohner nun halten für die Gründerin ihrer Stadt eine Gottheit, deren Name auf ägyptisch Neith, auf griechisch aber, wie sie angeben, Athene ist; sie behaupten daher, große Freunde der Athener und gewissermaßen mit ihnen stammverwandt zu sein. Als daher Solon dorthin kam, so wurde er, wie er erzählte, von ihnen mit Ehren überhäuft, und da er Erkundigungen über die Vorzeit bei denjenigen Priestern einzog, welche hierin vorzugsweise erfahren waren, so war er nahe daran, zu finden, daß weder er selbst noch irgendein anderer Grieche, fast möchte man sagen, auch nur irgendetwas von diesen Dingen wisse. Und einst habe er, um sie zu einer Mitteilung über die Urzeit zu veranlassen, begonnen, ihnen die ältesten Geschichten Griechenlands zu erzählen, ihnen vom Phoroneus, welcher für den ersten Menschen gilt, und von der Niobe, und wie nach der Flut Deukalion und Pyrrha übrig blieben, zu berichten und das Geschlechtsregister ihrer Abkömmlinge aufzuzählen und habe versucht, mit Anführung der Jahre, welche auf jedes Einzelne kamen, wovon er sprach, die Zeiten zu bestimmen. Da aber habe einer der Priester, ein sehr bejahrter Mann, ausgerufen: O Solon, Solon, ihr Hellenen bleibt doch immer Kinder, und einen alten Hellenen gibt es nicht!

Als nun Solon dies vernommen, habe er gefragt: Wieso? wie meinst du das?

Ihr seid alle jung an Geist, erwiderte der Priester, denn ihr tragt in ihm keine Anschauung, welche aus alter Überlieferung stammt, und keine mit der Zeit ergraute Kunde. Der Grund hievon aber ist folgender. Es haben schon viele und vielerlei Vertilgungen der Menschen stattgefunden und werden auch fernerhin noch stattfinden, die umfänglichsten durch Feuer und Wasser, andere, geringere aber durch unzählige andere Ursachen. (...) Nur aber liegt bei uns alles, was bei euch oder in der Heimat oder in anderen

Gegenden vorgeht, von denen wir durch Hörensagen wissen, sofern es irgendwie etwas Treffliches oder Großes ist oder irgendeine andere Bedeutsamkeit hat, insgesamt von alters her in den Tempeln aufgezeichnet und bleibt also erhalten. Ihr dagegen und die übrigen Staaten seid hinsichtlich der Schrift und alles anderen, was zum staatlichen Leben gehört, immer eben erst eingerichtet, wenn schon wiederum nach dem Ablauf der gewöhnlichen Frist wie eine Krankheit die Regenflut des Himmels über euch hereinbricht und nur die der Schrift Unkundigen und Ungebildeten bei euch übrigläßt, so daß ihr immer von neuem gleichsam wieder jung werdet und der Vorgänge bei uns und bei euch unkundig bleibt, soviel ihrer in alten Zeiten sich ereigneten. Wenigstens eure jetzigen Geschlechtsverzeichnisse, wie du sie eben durchgingst, unterscheiden sich nur wenig von Kindermärchen.«

Der Priester überrascht Solon im Folgenden mit der Eröffnung, daß es nach Auskunft der in Ägypten bewahrten Dokumente vor neuntausend Jahren schon einmal einen athenischen Staat gegeben habe (dessen Drei-Stände-Verfassung im Sinne der *Politeia* Platon dann im Dialog *Kritias* beschreibt), der durch seine heroische Abwehr der ›atlantischen‹ Bedrohung die damalige Mittelmeerwelt und damit auch Ägypten rettete. Das griechische Geschichtsbewußtsein basierte auf Genealogien, wie sie Solon mit den Priestern von Saïs ›durchgegangen‹ war. Sie pflegten im Falle der adligen Familien nach 14 bis 16 Generationen in der Götterwelt zu enden. Das ägyptische Geschichtsbewußtsein dagegen basierte auf Königslisten, die zwar nicht neuntausend, aber doch zweieinhalbtausend, vielleicht dreitausend Jahre zurückreichten.

Denselben Zusammenprall von genealogischem und dynastischem Geschichtsbewußtsein beschreibt Herodots Erzählung. Als Hekataios von Milet nach Theben kam und den dortigen Priestern seinen Stammbaum bis zum sechzehnten Ahn, einem Gott, vorrechnete, führten ihn die Priester in den Tempel und zeigten ihm 341 hölzerne Kolossalstatuen. »Denn so viele Oberpriester und Könige hat es im Laufe dieser Zeit gegeben... Jeder Oberpriester läßt dort noch zu seinen Lebzeiten sein Standbild aufstellen. Die Priester zählten und zeigten (ihm) alle nacheinander – immer folgte der Sohn auf den Vater; so gingen sie von dem zuletzt Verstorbenen alle der Reihe nach durch. Dem Stammbaume des Hekataios und seiner Behauptung, im sechzehnten Gliede von einem Gott abzustammen, stellten sie ihre genealogische Berechnung gegenüber und bestritten ihm die Abstammung eines Menschen von einem Gott. Ihre Berechnung war folgendermaßen: Von den Urbildern dieser Standbilder stamme immer einer vom anderen, Piromis von Piromis, und im Ganzen seien es dreihundertfünfundvierzig solche Standbilder, und trotzdem führe der Stammbaum nicht auf einen Gott oder Heros zurück. Piromis ist im Griechischen soviel wie edelbürtig.« (II, 143) Das ägyptische Wort ›piromis‹ heißt nicht ›edelbürtig‹, sondern ›Mensch‹, was zu Herodots Argumentation viel besser paßt. Die Ägypter wollen ja sagen, daß nicht ›Mensch‹ von ›Gott‹ (das wäre ägyptisch *pirome* von *pinoute*), sondern ›Mensch‹ von ›Mensch‹ *(pirome* von *pirome)* abstammt. Dieses kleine Mißverständnis verleiht der Anekdote eine rätselhafte Authentizität. »Das heißt also: In einem Zeitraum von 11340 Jahren haben nur menschliche Könige, nicht aber Götter in Menschengestalt, über Ägypten geherrscht.« (II, 142) »Während dieses Zeitraums«, setzt Herodot noch hinzu, »sei die Sonne viermal außerhalb ihres gewöhnlichen Orts aufgegangen. Wo sie jetzt untergeht, dort sei sie zweimal aufgegangen, und wo sie jetzt aufgeht, dort sei sie zweimal untergegangen.« Dadurch hätte sich aber, wie er hervorhebt, »in Ägypten nichts verändert, weder in Bezug auf die Pflanzenwelt noch in Bezug auf die Tätigkeit des Flusses, weder in Bezug auf die Krankheiten noch in Bezug auf den Tod der Menschen«. Diese Bemerkung ist nun vollends rätselhaft. Aber sie will doch letztlich nur so viel sagen, daß sich in Ägypten trotz dramatischer Veränderungen von kosmischem Ausmaß nichts Wesentliches verändert habe, was genau auf die Demonstration der Priester von Saïs gegenüber Solon hinausläuft.

In der Tat konnten die Ägypter zu der Ansicht gelangen, daß die Welt im Rahmen ihrer langen Rückerinnerung dreimal untergegangen sei und daß sie es geschafft hätten, durch die sorgfältige Pflege der Archive ihre Kultur und ihr Gedächtnis über diese Katastrophen hinwegzuretten. Die Untergänge des Alten, des Mittleren und des Neuen Reichs mochten ihnen als solche Katastrophen erschienen sein. Jedesmal war es gelungen, Staat und Kultur auf den Grundlagen des geretteten kulturellen Wissens wieder zu errichten. Zu keiner Epoche der ägyptischen Geschichte würde eine solche Auffassung und Mentalität so gut passen wie zu der Saïtenzeit, die eine solche Restauration nach besonders langer ›Zwischenzeit‹ (wie die Ägyptologie solche *dark ages* bezeichnet) gerade bewerkstelligt hatte.

Was das Geschichtsbewußtsein anging, bedeutete für die Griechen die Begegnung mit Ägypten, ganz im Gegensatz zu heutigen Vorstellungen von Griechen und Barbaren, die Konfrontation von Mythos und Logos. Ihr Denken war im Mythos befangen, in der adligen Welt epischer, mündlicher Überlieferungen. In Ägypten begegneten sie der bürokratischen Welt eines schriftgestützten Gedächtnisses, dessen Archive über die Jahrtausende hinweg in eine Vergangenheit zurückreichten, von der sich die griechischen Helden- und Familiensagen nichts träumen ließen. Dennoch stieß auch die ägyptische Rückerinnerung irgendwann einmal an einen Horizont, jenseits dessen sie in mythische Dimensionen überging. Herodot setzt seinen Bericht über die Zeit, in der Menschen über Ägypten herrschten und die er auf 11340 Jahre berechnet, fort mit der Bemerkung: »Vor diesen Menschen allerdings hätten Götter über Ägypten geherrscht, die zusammen mit den Menschen gelebt hätten; und einer von ihnen sei immer der mächtigste gewesen. Der letzte dieser Könige sei Horos, der Sohn des Osiris gewesen, der bei den Hellenen Apollon heißt. Er habe den Typhon vom Thron gestürzt und als letzter Gott über Ägypten geherrscht.« (II, 144) Unter Einbeziehung der Götterdynastie rechnet Herodot »von Dionysos (=Osiris) bis Amasis 15000 Jahre«. (II, 145)

Diodor, der sich in diesem Punkt offenbar auf Manetho stützt, kennt vor den menschlichen Dynastien die Herrschaft der Götter und der Heroen. Deren Regierungszeit beziffert er auf 18000 Jahre. Die anschließende Epoche menschlicher Herrscher umfaßt bei ihm knapp 5000 Jahre. (I, 44) Manetho hatte der menschlichen Geschichte die Epochen der Götter und der Halbgötter *(hemitheoi)* vorgeschaltet. Damit gab er die Tradition der ägyptischen Königslisten wieder, die auf die Dynastie der Götter eine Dynastie von ›Geistern‹ (äg. *3ḫ.w*) folgen lassen, bevor dann die ›Könige‹ kommen. Der Begriff ›menschlicher‹ Könige ist den Ägyptern fremd: ›Könige‹ bilden eine eigene Spezies neben Göttern, Geistern und Menschen. Das gehört wiederum in den Bereich der ägyptischen Königstheologie, der den Griechen fremd geblieben ist.

5. Die Nilüberschwemmung

Das Geheimnis des Nils

Als Herodot Ägypten ›ein Geschenk des Nils‹ nannte, sprach er vom Delta als einem vom Nil angeschwemmten Land. (II, 5) Der Nil führt bei seiner Überschwemmung nicht nur Wasser, sondern vor allem auch Schlamm mit sich, der sich auf den Feldern ablagert und ihnen eine als wunderbar empfundene Fruchtbarkeit verleiht. Seneca faßt einen jahrhundertelangen Diskurs über dieses Phänomen zusammen, wenn er schreibt, daß Ägypten dem Überschwemmungswasser nicht nur die Fruchtbarkeit seines Bodens, sondern diesen selbst verdankt. (*Questiones Nat.* IV a II, 9, 10) Die Fruchtbarkeit des Überschwemmungswassers galt als so gewaltig, daß sein Genuß die Fruchtbarkeit der Menschen beförderte (Isokrates, *Busiris*, 13) und aus den Schlammablagerungen spontanes Leben in Gestalt von Fröschen und Mäusen entstünde – es heißt sogar, daß diese Tiere erst zur Hälfte ausgebildet seien, zur anderen dagegen noch aus Schlamm bestünden (Ov., *Met.* I, 422; Diodor I, 10; Horapollon, *Hier.* I, 25 u. v. a.) –, ja daß selbst das Menschengeschlecht im Schlamm des Nils seinen Ursprung habe. (Diod. I, 10,3) Der Nil schwemmt den Boden nicht nur an, sondern ›bearbeitet‹ ihn auch, in den Augen der Griechen, in einer Weise, daß der Landmann ihn nicht zu pflügen braucht, sondern seinen Samen direkt auf den noch feuchten Schlamm aussäen kann, wo ihn die Tiere eintreten. Daher nennt Aristoteles Ägypten auch das ›Werk‹, nicht das ›Geschenk‹ des Nils. (Olympiodor, *Komm. zu Arist., Meteor.* I, 14, 11) Zur Fruchtbarkeit des Bodens kommt die Mühelosigkeit von Anbau und Ernte. (Herod II, 14; Diod I, 34.1–11) Nahrungspflanzen,

Heilkräuter und Gewürze wachsen von selbst. Die jährliche Bodenanschwemmung bringt es aber auch mit sich, daß das Land von Jahr zu Jahr neu vermessen werden muß, um die Eigentumsverhältnisse und Besteuerungsgrundlagen festzustellen. Aufgrund dieser Notwendigkeit gelten die Ägypter den Griechen als die Erfinder und Meister von Geometrie und Geodätik. (Diodor I, 81; Strabon XVII, 1,3) Ansonsten aber ist es gerade die Abwesenheit jedes ›wissenschaftlichen‹ Interesses am Zustandekommen der Nilüberschwemmung, was die Griechen bei den Ägyptern in Erstaunen versetzt. Das Problem der Herkunft der Nilüberschwemmung ist ein klassischer Topos der griechischen Ägyptenliteratur. Anhand dieses Themas inszenieren die Griechen den Kontrast zweier entgegengesetzter Wissenskulturen, der griechischen, die von ›Wißbegier‹ *(philomathia)* motiviert ist, und der ägyptischen, deren auffallendstes Kennzeichen der Mangel an Wißbegier darstellt.

Schon Herodot beklagt sich, daß er »über die Natur des Nils weder von den Priestern noch sonst irgend etwas erfahren konnte. Ich hätte gern gewußt, welche Gründe die Anschwellung des Nils hat, die von der Sommersonnenwende ab für fast hundert Tage andauert, nach deren Ablauf er sich wieder in sein Bett zurückzieht und den ganzen Winter hindurch seinen niedrigen Wasserstand bewahrt, bis wieder die Zeit der Sommersonnenwende kommt. Kein Ägypter konnte mir irgendwelche Auskunft darüber geben, keiner konnte meine Frage beantworten, woher es kommt, daß es beim Nil umgekehrt ist wie bei allen anderen Flüssen.« (II, 19) Die Antwort, die ihm ein Priester in Saïs auf seine Frage gibt, hält Herodot für einen Scherz. Die Nilüberschwemmung, so wird ihm gesagt, entspränge zwischen zwei spitzen Bergen zwischen Assuan und Elephantine namens Krofi und Mofi. Von ihnen aus fließe ein Teil des Wassers nach Norden, ein anderer nach Süden. (II, 28) Anstatt sich mit solchen abstrusen Erklärungen weiter auseinanderzusetzen, geht Herodot im Folgenden der Reihe nach drei Theorien durch, die von Griechen für das Phänomen der Nilschwemme vorgelegt worden waren, und trägt anschließend seine eigene Erklärung vor. Auch Strabon konstatiert erstaunt, daß im Gegensatz zu den Ptolemäern »die alten Könige sich gar nicht um solche Dinge (d.h. die Ursachen der Nilüberschwemmung) kümmerten, wenngleich doch sowohl sie selbst der Weisheit zugetan waren, als auch die Priester, mit welchen sie den meisten Umgang hatten. Schon deshalb muß man sich darüber wundern; aber auch, weil Sesostris das ganze Aithiopia bis zum Zimtlande durchzog und als Denkmale seines Heerzugs noch jetzt Stelen und Inschriften gezeigt werden. Wundersam also ist es, daß bei solchen Anlässen die Kunde von den Regenfällen den damaligen Menschen nicht völlig klar wurde, da überdies die Priester alles, was ausgezeichnete Kenntnis verrät, sehr sorgfältig in die heiligen Bücher eintrugen und aufbewahrten. Zumindest hätten sie sich doch die Frage stellen müssen, die sich noch heute aufdrängt: Warum finden die Regenfälle im Sommer und nicht im Winter, warum im Süden und nicht im Norden, in der Thebais und in der Gegend von Assuan statt. Aber daß die Nilüberschwemmung von Regenfällen verursacht wurde, interessierte sie nicht, noch beriefen sie sich auf Zeugnisse, wie sie Poseidonios anführt.« (*Geogr.* XVII, 1, 5) Drei-, vierhundert Jahre nach Strabon ist es, wenn man Heliodor glauben darf, um die ›heiligen Bücher‹ schon wesentlich besser bestellt. Jetzt ist bereits alles griechische Wissen auch in sie eingegangen. In seinem Liebesroman *Aithiopika* läßt Heliodor seinen Priester Kalasiris auf die Frage nach den Geheimnissen des Nils Auskunft geben. »Ich berichtete, was ich wußte und was in unseren heiligen Schriften steht, die nur wir Priester kennen und lesen dürfen. Ich erzählte, er entspringe in den Gebirgen Äthiopiens an der äußersten Küste Libyens, dort, wo der Orient aufhört und die südliche Erdhälfte beginnt. Im Sommer schwelle der Fluß an, nicht, wie manche angenommen haben, weil Nordwestwinde sein Wasser zurückstauen, sondern weil gerade diese Winde zur Sommersonnenwende alle Wolken von Norden nach Süden treiben und in der glühenden Zone zusammendrängen. Dort wird ihr Zug durch die außergewöhnliche Hitze dieser Landstriche aufgehalten, aus der allmählich angesammelten und verdichteten Feuchtigkeit wird Regen. Die dadurch bewirkten heftigen Regenfälle lassen den Nil anschwellen, bis er die Lust verliert, ein bloßer Fluß zu sein und über die Ufer tritt, Ägypten in ein Meer verwandelt und so auf seinem Weg die Felder nährt. ...« (*Aithiopika* II, 28) Der erste, der den Zusammenhang der Nilüberschwemmung mit den Regenfällen in Äthiopien klarstellte, war Agatharchides von Knidos im 4. Jahrhundert v. Chr.

Es ist jedoch völlig richtig, daß zu Herodots und Strabons Zeiten die Ägypter keine Erklärungen dieses Phänomens vorzubringen gewußt haben, jedenfalls keine, die die Griechen auch nur einen Augenblick als solche hätte gelten lassen. Ebenso richtig ist, daß die Ägypter auf der Suche nach einer Lösung der Nilrätsel nicht die Natur erforschten, sondern die heiligen Bücher konsultierten. Die Antworten, die sie diesen Büchern entnahmen, waren aber so anderer Art als die Aufschlüsse griechischer Naturbeobachtung, daß man zweifeln muß, ob es hier wirklich um dieselben Fragen ging. Wir haben es hier nicht einfach mit einem verschiedenen Wissensstand zu tun, sondern mit zwei vollkommen verschiedenen Wissenskulturen. Die Ägypter näherten sich der Natur mit anderen Fragen als die Griechen. Auf diese Fragen versprachen sie sich in den Büchern eher eine Antwort als durch Autopsie. So erklären z. B. verschiedene Könige des Neuen Reichs in textgleichen Inschriften: »Ich bin kundig dessen, was in der Halle der Schriften ist, was bleibend befestigt ist in der Bibliothek: die Nilüberschwemmung kommt heraus aus den beiden Quellöchern, um die Opferkuchen der Götter auszustatten. ...« (*Nilstelen v. Gebel el-Silsila* ed. Barguet)

Worum es den Ägyptern ging, war nicht Erklärung, sondern Deutung. Sehr klar kommt dieser Unterschied in dem Gespräch zum Ausdruck, das Sueton in seiner Cäsar-Biographie den Römer mit Acoreus, dem Hohepriester des Ptah von Memphis, über die Natur des Nils führen läßt. Der Greis referiert zuerst verschiedene moderne Theorien und trägt dann seine eigene Ansicht vor, die etwas ganz anderes, nämlich eine theologische Deutung ist. Es gibt Gewässer, die infolge von Erdbeben und anderen Ursachen erst nach der Schöpfung entstanden sind und mit deren Entstehung und Verhalten die Götter nichts zu tun haben. Andere Gewässer aber haben in der Schöpfung selbst ihren Anfang. Zu ihnen gehört vor allem der Nil, und ihm ist die Eigenschaft, periodisch an- und abzuschwellen, mit der Schöpfung selbst einprogrammiert worden. In der Nilüberschwemmung manifestiert sich der göttliche Schöpfungswille. Das wirkt auf den Römer reichlich spekulativ; aber man liest in den ägyptischen Schriften nach und findet alles genau so bestätigt, wie es der Priester vorgetragen hat. (Sueton, *De vita Caes.* I, 52.1 vgl. Appian, *Hist. Roman. Emphyl.* II, 379)

Nillandschaften

Ein ganz anderer Aspekt des Nils ist die ideale Schönheit der von ihm bewässerten Landschaft. Isokrates widmete einige Kapitel seines *Busiris* dem Loblied des Landes (11–15) und nennt es »das schönste Land der Welt«. Wenn die Griechen von Ägypten sprechen, scheinen sie zu vergessen, daß es sich hier um ›Barbaren‹ und um ein Land handelt, das nach ihren Klimatheorien zu weit südlich von der Zone idealer Bedingungen liegt. Diodor schreibt, der Anblick der ägyptischen Landschaft habe Orpheus und Homer zu ihren Vorstellungen über das jenseitige Paradies der Toten inspiriert. Orpheus habe die ägyptischen Mysterien aus Ägypten nach Griechenland gebracht. So habe sie Homer beschrieben. (*Od.* 24.1–2, 11–14) Die »Asphodelos-Wiese, wo die Toten wohnen« sei der Platz am ›acherusischen See‹ in der Nähe von Memphis, wo es wunderbar schöne Wiesen, Sümpfe, Lotusblumen und Binsen gebe; und es sei ganz richtig, daß dort die Toten wohnen, denn dort seien die schönsten Grabstätten der Ägypter, und die Toten würden dorthin übergesetzt über den Fluß und den acherusischen See. (I, 96f.) Noch im 5. Jahrhundert n. Chr. beginnt der Kirchenvater Andreas von Kreta seine Lebensbeschreibung des hl. Patapios mit einer panegyrischen Beschreibung der ägyptischen Nillandschaft, der Heimat des Heiligen. (*In Sanctum Patapium*, Or. XIX, in: Migne, *PG* 97, col. 1217b–1221b)

»Dort ist öltriefende Erde, schwerer und fruchttragender Ackerboden, sind dickummauerte Städte und grasreiche Landstriche, Herden von Pferden, Ziegen, Rindern und Schweinen, und alles, was auf Fülle und Luxus zielt und auf dieses elende (›unlebbare‹) Leben. Flußentströmende Gewässer umkreisen meerartig das Festland und bewässern das ganze Land. Geon nämlich, der erste und größte der vier in der Schöpfung genannten Flüsse, der aus nur dem Schöpfer bekannten Orten entspringt und von dort zum großen Meer hinabsteigt, durchzieht es ganz. Dieser läßt in periodischen Fluten das Wasser aufsteigen, breitet sich meerartig aus und erfüllt wasserreich die Erde. Und er bringt sie, die binnen kurzem in Fruchtbarkeit aufsprießt, dazu, reichbeladene Lastschiffe fahren zu lassen, den Ackerbauern erlaubt er, mitten in den Takelagen zu arbeiten und die Wassertiere ermahnt er, mit den Landtieren zusammenzuleben, den grasfressenden und den fleischfressenden. O welch ein Wunder! Gestern tieferdige Kornfelder, heute tiefgrundiges Meer; gestern Weideplatz der lasttragenden Gespanne und Tiere, heute Schlupfwinkel der Fische und Meerestiere.« (Für den Hinweis auf diesen Text danke ich Jürgen Dummer, für Beistand bei der Übersetzung Christoph Markschies.)

In der Zeit, aus der dieser Text stammt, gehören Nillandschaften noch immer zu den beliebtesten Themen von Mosaikfußböden, die jetzt nicht nur die Villen der Reichen, sondern auch die frühen Kirchen und Synagogen schmükken. Die Christen identifizierten den Nil mit Geon, einem der vier Ströme des Paradieses, zu denen neben Geon noch Phison, Euphrat und Tigris gehören. Daher lebt auch die traditionelle Ikonographie der Nillandschaften bis in die spätantiken Kirchen und sogar Synagogen fort. Fußbodenmosaiken mit Nillandschaften haben sich in Nordafrika, Palästina und vielen anderen Gegenden der Mittelwelt einschließlich Ägyptens selbst gefunden. Wichtige Beispiele wurden in Israel entdeckt, zum Beispiel im Haus des Nilfests in Sepphoris und im Haus des Leontis in Beth Shean, jeweils mit Darstellung eines Nilometers in Gestalt einer Säule mit Marken von 10 bis 16 Ellen. Ein anderes Beispiel stammt aus der Kirche der wunderbaren Brotvermehrung in Tabgha. Neben ganzen Nillandschaften finden sich auch einzelne nilotische Motive, sowohl in Kirchen wie in Privathäusern. Das Motiv der Nillandschaft scheint sich zusammen mit der Isis-Religion in der hellenistischen und römischen Welt verbreitet zu haben, wo es zu einem der beliebtesten Themen für die Ausstattung vornehmer Villen mit Wandbildern und Mosaikfußböden wird. Allein in Pompeji führt Schefold in seinem Buch über die pompejianische Wandmalerei 27 Beispiele an. In Pompeji gab es einen Isis-Tempel; vermutlich hatte der Isiskult in Pompeji diese Bildmotive eingeführt oder hervorgebracht. Sie verbreiteten sich aber schnell über ihren kultischen Kontext hinaus und wurden zu einem rein dekorativen Thema. Aber gerade im Dekorativen können sich kulturelle Ideen, Einstellungen, Sehnsüchte und Ansprüche ausdrücken, die eine viel allgemeinere, wenn auch weniger verbindliche Bedeutung haben als spezifisch kultische Symbole. Bei den Nillandschaften scheint es sich um eine solche allgemein-kulturelle Symbolik zu handeln, die sich mit Assoziationen des Alltagsenthobenen verbindet wie Fest und Fülle, Glück und Erfüllung, Frieden, Muße und Genuß, *tryphe* und *schole.*

Die bedeutendste dieser Nillandschaften findet sich im Kontext eines Heiligtums der Fortuna-Tyche (= Isis) in Praeneste aus der Zeit des Sulla (um 120 v. Chr.). Es gehörte jedoch nicht zum eigentlichen Tempel, sondern zu einem öffentlichen Gebäude auf der unteren Terrasse. Es war in einem Nympheum in der Apsis einer langen Halle angebracht und mit Wasser bedeckt. Daher muß man wohl auch die Bedeutung der Nillandschaft nicht im Zusammenhang mit Isis und ihrem Kult suchen, sondern im Zusammenhang des Wassers und seiner Symbolik. Der leitende Gedanke der Nilikonographie scheint eine Allegorie des Wassers und seiner Gaben zu sein: Fülle, Glück, Segen und Fest. Der obere Teil des Mosaiks stellt Äthiopien als eine bergige Landschaft dar, belebt von Tieren (darunter auch Fabelwesen wie dem Onokentauros) und Jägern. Der untere Teil zeigt Ägypten in der Jahreszeit der Nilüberschwemmung, wenn das Land überflutet ist und die Tempel, Siedlungen und Straßen auf Inseln und Deichen aus dem Wasser aufragen. Schon Herodot (II, 97), Diodor (I, 36) und Strabon (7, 1, 4) fühlten sich beim Anblick der Nilüberschwemmung an die Kykladen erinnert.

Neben verschiedenen Tempeln im griechischen Stil sieht man an prominenter Stelle auch einen großen Tempel im ägyptischen Stil. Die Umfassungsmauer hat große Türme und gibt dem Tempel den Anschein einer Festung, was sehr charakteristisch für ägyptische Tempel besonders der griechisch-römischen Zeit ist. Vor dem Pylon stehen vier Osirisstatuen mit Lotusblüten auf dem Kopf. Über dem Eingang sieht man einen Adler. Nach

Meyboom identifiziert der Adler den Tempel als den des Osiris-Kanopus. Die Stadt Kanopus im Delta war in der griechisch-römischen Zeit überdies berühmt für ihre festlichen Lustbarkeiten. (Strabon 17, 1, 17)

Das Mosaik verbindet auf eine ganz besondere Weise das Spezifische mit dem Allgemeinen. Während die äthiopischen Szenen rein generisch und mit keinem spezifischen Ort oder Datum verbunden sind, spielen die ägyptischen Szenen in der Jahreszeit der Überschwemmung (von Mitte Juli bis Mitte September). Das umfassende Thema ist der Nil. Die Botschaft des Mosaiks von Praeneste muß etwas zu tun haben mit dem Wasser als der all-erschaffenden und all-erhaltenden Macht, mit Isis und Osiris, in denen sich diese Macht personifiziert, und mit Ägypten als dem Ort auf Erden, an dem sie sich am unmittelbarsten manifestieren.

Ägypten wird in seinen paradiesischen Zügen nicht nur räumlich, sondern auch zeitlich determiniert. Dafür scheint kein Ausdruck passender als Bakhtins Begriff des ›Chronotop‹. Ein Chronotop ist ein Ort eigener Zeitlichkeit, wo die Zeit nach anderen Gesetzen verläuft als anderswo. Ägypten als Chronotop erscheint als heilige Landschaft, bewohnt von Göttern und Priestern, und gesehen in einer heiligen Zeit, der Zeit der Überschwemmung. Die Nilüberschwemmung bedeutet die Wiederkehr der Urflut, die Erneuerung der Schöpfung, die Regeneration allen Lebens, die Rückkehr der Menschheit und der Welt im Ganzen in einen Urzustand von Unschuld, Reinheit, Frieden und Glückseligkeit, eine Wiederherstellung von Sinn, Ordnung, Fülle, Tugend und Gerechtigkeit.

Der Dichter, der diese einzigartige Verbindung von Raum und Zeit in der Nillandschaft am eindrucksvollsten zum Ausdruck gebracht hat, ist Claudian, wie Chairemon ein Ägypter aus Alexandrien, allerdings fast 400 Jahre später. Er schrieb ein Nilgedicht, in dem die Verbindung von Nil und Zeit bzw. Ewigkeit *(Aion)* eine große Rolle spielt. Dieselbe Thematik berühren auch manche seiner anderen Gedichte und besonders das Gedicht auf das Konsulat des Stilicho aus dem Jahre 400. Daß Claudian dieses Gedicht nicht auf griechisch (wie seine früheren Texte), sondern auf lateinisch schrieb, soll uns nicht davon abhalten, es hier einzubeziehen. Es handelt von der unterirdischen Höhle beim ersten Katarakt, aus der, wie die Ägypter seit alters glaubten, die Nilüberschwemmung hervorbricht. Die Regelmäßigkeit dieses jährlichen Ereignisses setzt die Nilüberschwemmung nicht nur zu Fruchtbarkeit und Erneuerung in Beziehung, sondern auch zur Zeit. Sie ist ein Symbol für Zeit, Ewigkeit und die Wiederkehr des Goldenen Zeitalters, in der Fülle, Frieden und Gerechtigkeit auf Erden herrschten.

»Weit entfernt, unbekannt, unzugänglich unserem Geschlecht, und fast auch den Göttern verboten, gibt es die dunkle Mutter der Jahre,
die Höhle der unermeßlichen Zeit, die in ihrem ungeheuren Inneren die Zeitalter hervorbringt und zurückruft.
Eine Schlange umringt die Grotte, die friedlichen Sinnes alles verschlingt und sich mit ihren Schuppen ewig verjüngt, ihren Schwanz aber rückwärts gewandten Hauptes verschlingt und lautlos gleitend zum Anfang zurückkehrt.« (De Consulato Stilichonis II, 426–436)

6. *Grammatologie*

Für Platon ist Ägypten das Land der Schrifterfindung. Diese Schrift ist aber für ihn wie selbstverständlich die Alphabetschrift. Das geht etwa aus einer Stelle im *Philebos* in aller Klarheit hervor. Dort heißt es, der ägyptische Gott Theuth (=Thot-Hermes) habe als erster das unendliche Kontinuum der Laute eingeteilt in eine begrenzte Zahl von Vokalen, stimmhaften und stummen Konsonanten und sie als ›Buchstaben‹ (*stoicheia*, Elemente) identifiziert (*Philebos* 18B). So müssen wir auch die berühmte Passage im *Phaidros* auf die Alphabetschrift beziehen:

»Ich habe also gehört (erzählt Sokrates), zu Naukratis in Ägypten sei einer von den dortigen alten Göttern gewesen, dem auch der Vogel, welcher Ibis heißt, geheiligt war, er selbst aber, der Gott, habe Theuth geheißen. Dieser habe zuerst Zahl und Rechnung erfunden, dann die Meßkunst und die Sternkunde, ferner das Brett- und Würfelspiel, und so auch die Buchstaben. Als König von ganz Ägypten habe damals Thamus geherrscht in der großen Stadt des oberen Landes, welche die Hellenen das ägyptische Theben nennen, den Gott selbst aber Ammon. Zu dem sei Theuth gegangen, habe ihm seine Künste gewiesen, und begehrt, sie möchten den anderen Ägyptern mitgeteilt werden. Jener fragte, was doch eine jede für Nutzen gewähre, und je nachdem ihm, was Theuth darüber vorbrachte, richtig oder unrichtig dünkte, tadelte er oder lobte. Vieles nun soll Thamus dem Theuth über jede Kunst dafür und dawider gesagt haben, welches weitläufig wäre alles anzuführen. Als er aber an die Buchstaben gekommen, habe Theuth gesagt: Diese Kunst, o König, wird die Ägypter weiser machen und gedächtnisreicher, denn als ein Mittel für den Verstand und das Gedächtnis ist sie erfunden. Jener aber habe erwidert: O kunstreichster Theuth, einer weiß, was zu den Künsten gehört, ans Licht zu gebären; ein anderer zu beurteilen, wieviel Schaden und Vorteil sie denen bringen, die sie gebrauchen werden. So hast auch du jetzt als Vater der Buchstaben aus Liebe das Gegenteil dessen gesagt, was sie bewirken. Denn diese Erfindung wird der Lernenden Seelen vielmehr Vergessenheit einflößen aus Vernachlässigung des Gedächtnisses, weil sie im Vertrauen auf die Schrift sich nur von außen vermittels fremder Zeichen, nicht aber innerlich sich selbst und unmittelbar erinnern werden. Nicht also für das Gedächtnis, sondern nur für die Gedächtnisstütze hast du ein Mittel erfunden, und von der Weisheit bringst du deinen Lehrlingen nur den Schein bei, nicht die Sache selbst. Denn indem sie nun vieles gehört haben ohne Unterricht, werden sie sich auch vielwissend zu sein dünken, da sie doch unwissend größtenteils sind, und schwer zu behandeln, nachdem sie dünkelweise geworden statt weise.« (Phaedr 274c–275b)

Sokrates erfindet eine seiner ›ägyptischen Geschichten‹, um die Problematik der Schrift zu beleuchten. Es geht nicht so sehr darum, daß die Ägypter die Schrift erfunden haben, als vielmehr darum, daß sie bereits weise genug waren, die Folgen dieser Erfindung abzuschätzen. Entscheidend ist die dialogische Form der Erzählung, in der sie dem Stolz des göttlichen Erfinders der Schrift die Weisheit ihres königlichen Verwenders gegenüberstellt. Diese

Weisheit ist das eigentlich Besondere, was die Erzählung den Ägyptern zuschreibt. Wie sonst ist auch hier Ägypten Projektionsfläche selbstkritischer Diagnosen. Die Griechen sind die großen Erfinder und Neuerer, aber was ihnen abgeht, ist die Weisheit, die Folgen der Veränderung absehen und mit den Vorzügen des Althergebrachten vergleichen zu können. Nicht von ungefähr läßt Sokrates seinen Theuth ja aus ›Naukratis‹ stammen und nicht etwa aus Hermupolis, während sein Gesprächspartner Thamus in Theben sitzt, der Stadt des Ammon, die als Ursprung und Zentrum der ägyptischen Kultur gilt, das Älteste, was Ägypten zu bieten hat.

Der erste Einwand gegen die Schrift ist, daß sie die Vergeßlichkeit fördert. Die Menschen verlassen sich auf äußere Merkzeichen und prägen sich die Dinge nicht mehr innerlich ein. Das ist der Einwand, den Sokrates seinem König Thamus in den Mund legt. Die weiteren beiden Einwände entwikkelt er dann als eigene Gedanken: daß die Schrift »stumm ist und nicht antworten kann, und daß sie sich überall herumtreibt« ohne Ansehen dessen, an den sie sich wendet.

Platon geht es hier um die Schrift als solche, nicht um ein bestimmtes Schriftsystem oder eine bestimmte Schriftkultur; vor allem aber geht es hier um die konservative Weisheit der Ägypter, mit dieser Technik umzugehen, indem sie die Schrift nur zur Aufzeichnung von Bekanntem, also als ein Speichermedium benutzen, aber nicht als Kommunikationsmedium, zur Vermittlung von Neuem und Unbekanntem. Sokrates-Platons Anekdote des naukratischen Theuth ist eine wunderbare und tiefsinnige Erzählung, aber sie gehört nicht in den Zusammenhang des grammatologischen Diskurses, in dessen Rahmen sich die Griechen für die ägyptische Schrift interessiert haben. Hier geht es um etwas ganz anderes, nämlich um das Nebeneinanderbestehen zweier verschiedener Schriften, die man seit Herodot als die ›Heilige‹ oder ›Hieratische‹ und die ›Öffentliche‹ oder ›Demotische‹ unterscheidet. Diese Digraphie ist das Besondere der ägyptischen Schriftkultur. (II, 36) Herodot unterscheidet die ›hieratische‹ und die ›demotische‹ Schrift, setzt also, nach heutigem Sprachgebrauch, entweder ›Hieratisch‹ und ›Hieroglyphisch‹ (die beiden Sakralschriften) oder ›Hieratisch‹ und ›Demotisch‹ (die beiden Kursivschriften) gleich. Er geht aber nicht auf die Frage einer möglichen funktionalen oder sozialen Differenzierung ein.

Die Griechen konnten sich die Verwendung verschiedener Schriften nicht anders erklären als durch die Annahme, die eine Schrift sei für alle, die andere nur für die Priester bestimmt, die sie als eine Geheimschrift benutzten in der Tradierung ihres Mysterienwissens. Die Deutung der Hieroglyphen als Geheimschrift findet sich bereits bei Diodor. Schon im ersten Buch erwähnt er, daß »die Priester ihre Söhne zwei Schriften lehren, die ›heilige‹ und die, die allgemein gelehrt wird«. (I, 81.1–2) Im dritten Buch (III, 3, 4) führt er das dann näher aus:

»Die Figuren der Standbilder nun und die Formen der Schriftzeichen haben die Ägypter von den Äthiopiern übernommen. Die Ägypter besitzen nämlich zwei Schriften: die eine ›demotisch‹ genannt, lernen alle; die andere wird die ›heilige‹ genannt. Bei den Ägyptern verstehen sie allein die Priester, die sie von den Vätern in den Mysterien lernen. Bei den Äthiopiern aber benutzen alle diese Schriftzeichen.«

Im Folgenden gibt Diodor dann einen sehr anschaulichen Bericht der Hieroglyphenschrift, die er für äthiopischen Ursprungs hält. Er erwähnt einzelne Zeichen wie Tiere, z. B. Falke, Krokodil, Schlange, Körperteile, z. B. Auge, Hand, Werkzeuge insbesondere des Zimmermanns usw. Der Falke bedeute Schnelligkeit, das Krokodil Bosheit. Das Auge bezeichne den Hüter der Gerechtigkeit und den Wächter des Körpers. Die Zeichen bezögen sich nicht auf die Rede als Verbindung von Silben, sondern metaphorisch auf die Bedeutung der dargestellten Dinge, die im Gedächtnis bewahrt wären (das Gedächtnis speichert die Bedeutungen der Dinge, auf die die Schrift metaphorisch rekurriert: Man muß die Bosheit des Krokodils kennen, um das Zeichen zu verstehen). »Indem sie nun sich anstrengen, die in diesen Formen verborgenen Bedeutungen zu entdecken, gelangen sie durch jahrelange Übung und Gedächtnistraining dahin, alles Geschriebene zu lesen.« Wichtig ist der zweimalige Hinweis auf die besondere Gedächtnisleistung, die mit der Hieroglyphenschrift verbunden ist. Darin könnte eine Widerlegung von Platons Schriftkritik liegen, die ja die These vertrat, die Schrift würde das Vergessen fördern.

Diodor hält bereits die Hieroglyphen für eine reine Symbolschrift, die sich nicht auf die Laute der gesprochenen Sprache in ihrer eindimensionalen Linearität und Diskursivität bezieht, sondern auf die Gedanken. »Ihre Schrift drückt den intendierten Begriff nicht durch aneinandergeknüpfte Silben aus, sondern durch seine figurative Bedeutung, die sich dem Gedächtnis durch Praxis eingeprägt hat.« Ammianus Marcellinus schreibt um 380 n. Chr., die hieroglyphische Schrift gebe nicht in Buchstaben die Verkettung der Sprachlaute wieder, sondern drücke in ihren Zeichen ganze Nomina und Verben, ja zuweilen ganze Sätze aus. (XVII, 4, 10) Die Schlüsselstelle für diesen Aspekt der Hieroglyphen steht bei Plotin, *Enneades* V, 8, 5, 19 und V, 8, 6, 11:

»Die ägyptischen Weisen (...) verwendeten zur Darlegung ihrer Weisheit nicht die Buchstabenschrift, welche die Wörter und Prämissen nacheinander durchläuft und auch nicht die Laute und das Aussprechen der Sätze nachahmt, vielmehr bedienten sie sich der Bilderschrift; sie gruben in ihren Tempeln Bilder ein, deren jedes für ein bestimmtes Ding das Zeichen ist: und damit, meine ich, haben sie sichtbar gemacht, daß es dort oben [bei den Göttern] kein diskursives Erfassen *(diexodon emphenai)* gibt, daß vielmehr jenes Bild dort oben Weisheit und Wissenschaft ist und zugleich deren Voraussetzung, daß es in einem einzigen Akt verstanden wird und nicht diskursives Denken und Planen ist.

... Und erst als ein Späteres entspringt von dieser Weisheit, welche nur mit einem einzigen Akt erfaßt wird, ein Abbild in einem anderen Ding, und dies ist nun entfaltet und legt sein Wesen selber im einzelnen dar und macht die Ursachen ausfindig, warum ein Ding so beschaffen ist; wenn nun jemand dies Abbild sieht, darf er wohl, da das Ergebnis sich so gegen die Logik verhält, sagen, daß er sich über die Weisheit verwundert, wieso sie ohne selber die Ursachen in sich zu tragen, weshalb das Ding so beschaffen ist, doch dem nach ihrer Richtschnur geschaffenen die Ursachen dargibt.«

Das Phänomen der Mehrschriftigkeit spielt bei Plotin keine Rolle. Er bezieht sich allein auf die Hieroglyphenschrift, die er für eine rein symbolische Ikonographie hält. Man muß diese Deutung als Antwort auf Platons Schriftkritik im *Phaidros* verstehen. Dort hatte Platon der Schrift vorgeworfen, nur als äußeres Merkzeichen für schon Bekanntes dienen zu können. Dem stellt Plotin das Bild gegenüber, das nicht nur an Bekanntes erinnert, sondern diskursive Gedankengänge symbolisch komprimiert, so daß Lesen zu einem Akt kreativer und intuitiver Reaktualisierung wird und Platons Vorwurf der ›Äußerlichkeit‹ nicht trifft. Platon dachte an eine Alphabetschrift, Plotin an eine Bilderschrift, die er als reine Ideen- oder Begriffsschrift verstand. Diese Plotinstelle wurde in der Renaissance zum Grundtext einer Schrifttheorie, die Schrift nicht als Repräsentation von Sprache in ihrer linearen Diskursivität und Eindimensionalität verstehen wollte, sondern als ein mehrdimensionales, unmittelbar auf die Dinge und Ideen bezogenes Medium. Marsilio Ficino schrieb über diese Plotinstelle eine Abhandlung: *In Plotinum V, VIII.*

Plotins Schüler Porphyrius gibt aber von den ägyptischen Schriftsystemen die präziseste Beschreibung, die überhaupt aus dem Altertum überliefert ist. In seinem Buch über Pythagoras berichtet er, dieser sei bei seinem Aufenthalt in Ägypten in die drei Gattungen der ägyptischen Schrift eingeweiht worden: die Epistolographische, die Hieroglyphische und die Symbolische Schrift. Die Hieroglyphische Schrift bezeichne das Gemeinte durch Abbildung *(kata mimesin)*, die Symbolische durch gewisse allegorische Rätsel *(kata tinas ainigmous)*. Clemens Alexandrinus beschreibt das Curriculum eines ägyptischen Schreiberlehrlings. Als erstes erlerne dieser die epistolische Schrift, sodann die priesterliche oder ›hieratische‹ Schrift und zuletzt die hieroglyphische. Die Hieroglyphenschrift bezeichne das Gemeinte durch Symbole, von denen es drei Arten gebe: einfach abbildende oder ›kyriologische‹, übertragene oder ›tropische‹ und schließlich allegorische oder änigmatische.

Horapollon behandelt in seinen *Hieroglyphika* nur eine einzige Schrift, die Hieroglyphen, und geht auf das Phänomen der Mehrschriftigkeit gar nicht ein. Buch I enthält Zeichen, Bedeutungen und Erklärungen, während Buch II nur Zeichen und Bedeutungen, aber keine Erklärungen gibt und vermutlich nicht von Horapollon selbst stammt, sondern einen späteren Zusatz darstellt. Buch I enthält 70 Zeichenerklärungen, die folgendem Schema folgen: Wenn sie (d.h. die Ägypter) (b) darstellen wollen, zeichnen sie (a), weil (c), wobei (a) das hieroglyphische Zeichen, (b) die Bedeutung und (c) die Erklärung wiedergibt. So heißt es z.B.: »Wenn sie ›Ewigkeit‹ darstellen wollen, zeichnen sie Sonne und Mond, weil sie ewige Elemente sind.« Die tiergestaltigen Zeichen erfahren Deutungen, die auf dem zoologischen Wissen der Zeit (Plinius, Aelian, Physiologus) beruhen. Der Hase, zum Beispiel, bezeichnet ›das Öffnen‹, weil dieses Tier nie die Augen schließt. Tatsächlich wird das Verb ›öffnen‹ mit dem Hasen geschrieben. Die Vorstellung, die ägyptische Grammatologie habe eine Zoologie eingeschlossen, weil sich die Bedeutung der Schriftzeichen nur über die Kenntnis der dargestellten Tiere nach Wesen und Verhalten erschließt, ist ungewiß unhistorisch, aber rezeptionsgeschichtlich enorm wichtig geworden.

Während Horapollon nur einen einzigen Typus von Erklärungen kennt, den ›symbolischen‹, unterscheidet Clemens Alexandrinus zwischen dem ›kyriologischen‹ und dem ›symbolischen‹ Modus (*Strom.* V, 4 §20.3). Der kyriologische Modus verfahre »vermittels der elementaren Buchstaben« *(dia ton proton stoicheion)*, der symbolische dagegen bezeichne entweder ›durch einfache Abbildung‹ des Gemeinten *(kata mimesin)* oder ›figurativ‹ *(tropikos)*, oder auch drittens ›allegorisch‹ durch ›gewisse Rätsel‹ *(kata tinas ainigmous)*. Die Unterscheidung zwischen ›kyriologischer‹ *(kata mimesin)* und ›allegorischer‹ Bezeichnungsweise *(kata ainigmous)* findet sich auch bei Porphyrios *(De vita Pyth.)*. Hier wird also innerhalb von (c) nochmals zwischen verschiedenen Modi des Bezeichnens unterschieden. Während Horapollons Deutungen sich auf den figurativen und allegorischen Modus beschränken (denn der ›kyriologische‹ Modus des Typs »wenn sie die Sonne darstellen wollen, zeichnen sie einen Kreis« kommt nicht vor, vermutlich weil er als trivial empfunden wird), könnte sich bei Clemens Alexandrinus noch die Kenntnis rein lautlicher Bedeutung erhalten haben, falls sich die

Wendung *dia ton proton stoicheion* wirklich auf die ›Einkonsonantenzeichen‹ unter den Hieroglyphen und damit auf Phoneme bezieht.

Eine Bilderschrift ist grundsätzlich ein offenes System. Man kann ständig neue Zeichen einführen, weil sie durch ihre Bildbedeutung lesbar sind. Das gilt auch für die Hieroglyphenschrift, aber nicht für das Hieratische und Demotische, weil dort die Bildlichkeit verschwunden ist. In der klassischen Zeit war diese Systemoffenheit des Hieroglyphischen gebändigt worden, weil sie natürlich die Lesbarkeit sehr erschwert hätte. In der Spätzeit jedoch wird sie freigegeben und systematisch genutzt. Der Zeichenbestand vermehrt sich von ca. 700 auf ca. 7000 Zeichen. Damit wird die Hieroglyphenschrift als solche zur hohen Kunst, die nur wenige beherrschen. Auf diese Situation bezieht sich die Beschreibung von Clemens Alexandrinus, der die Hieroglyphenschrift als »die zuletzt erlernte und höchststehende« Schrift *(hustáten kaì teleutaían)* darstellt. In dieser Zeit muß sich um die Praxis der Hieroglyphen eine elaborierte Theorie entwickelt haben, deren Reflex wir in den griechischen Zeugnissen vor uns haben.

7. Grab, Tod und Ewigkeit, Totengericht

In seiner Schrift *De Abstinentia* überliefert Porphyrios eine eigenartige Beschreibung der ägyptischen Balsamierungsriten. Bei einem vornehmen Begräbnis, schreibt er, würden die Eingeweide gesondert herausgenommen und in einen Kasten *(kibotos)* getan. Nach allen sonstigen Riten, die die Ägypter für den Toten verrichten, bemächtigen sie sich dann dieses Kastens und bitten die Sonne zum Zeugen. Einer der Balsamierer ergreift für den Toten das Wort. Die entsprechende Rede habe ein gewisser Euphantos aus seiner Muttersprache übersetzt:

»O Herr Helios und ihr Götter alle, die ihr den Menschen das Leben gebt, nehmt mich auf und führt mich als Mitbewohner bei den ewigen Göttern ein. Denn ich habe die Götter, die meine Eltern mich gelehrt haben, verehrt alle Zeit meines Lebens und jene, die mir das Leben geschenkt haben, habe ich immer in Ehren gehalten. Von den anderen Menschen aber habe ich keinen getötet und keinen eines mir anvertrauten Gutes beraubt noch sonst ein nicht wieder gutzumachendes Unrecht begangen.
Wenn ich aber während meines Lebens gesündigt habe, indem ich etwas Verbotenes aß oder trank, so habe nicht ich gesündigt, sondern diese – wobei er die Kiste vorweist, in der der Magen ist. Mit diesen Worten wirft er sie in den Fluß, den übrigen Körper betrachtet er als rein und balsamiert ihn. Eine derartige Apologie halten sie den Göttern gegenüber für nötig bezüglich dessen, was einer gegessen, getrunken und sonstwie gesündigt hat.« (*De Abstinentia* IV, 10.3–5)

Auch Diodor gibt eine Schilderung des Totengerichts. Hier wird es zwischen Einbalsamierung und Beisetzung abgehalten. Der Leichnam wird über einen Teich gerudert, an dessen anderem Ufer 42 Richter Platz genommen haben. Nun kann jeder, der etwas gegen den Toten vorzubringen hat, Anklage erheben. Ist die Schuld erwiesen, darf der Leichnam nicht bestattet werden. Tritt dagegen kein Ankläger vor oder ist die Anklage ungerechtfertigt, wird der Tote von allen Anwesenden gerühmt und anschließend in Ehren bestattet. (I, 91–93) Man gewinnt das Bild einer barocken Schaustellung, und die Barockzeit hat sich von Diodors Bericht auch entsprechend beeindruckt gezeigt. Jacques-Bénigne Bossuet hat ihn in seinem *Discours sur l'histoire universelle* (1681) ausführlich berücksichtigt, und Abbé Jean Terrasson hat ihn in seinem Roman *Séthos* (1731) romanhaft ausgestaltet.

Diese enge Verknüpfung von Totenschicksal und moralischer Lebensführung, wie sie in der ägyptischen Idee vom Totengericht zum Ausdruck kommt, spielt auch in Diodors Schilderung der ägyptischen Grabkultur eine Rolle:

»Die Einheimischen geben der im Leben verbrachten Zeit einen ganz geringen Wert. Dagegen legen sie das größte Gewicht auf die Zeit nach ihrem Tode, während der man durch die Erinnerungen an die Tugend im Gedächtnis bewahrt wird. Die Behausungen der Lebenden nennen sie ›Absteigen‹ *(katalyseis)*, da wir nur kurze Zeit in ihnen wohnten. Die Gräber der Verstorbenen bezeichenen sie als ›ewige Häuser‹ *(aidioi oikoi)*, da sie die unendliche Zeit im Hades verbrächten. Entsprechend verwenden sie wenig Gedanken auf die Ausrüstung ihrer Häuser, wohingegen ihnen für die Gräber kein Aufwand zu hoch erscheint.« (I, 51, nach Hekataios von Abdera)

Hekataios war aufgefallen, daß die Ägypter ihre Wohnhäuser aus luftgetrockneten Lehmziegeln bauen, das billigste und schlichteste Baumaterial, das sich denken läßt. Auch der Königspalast ist aus diesem Material errichtet. Dagegen sind die Gräber aus Stein gebaut, entweder wie kleine Tempel aus behauenen Blöcken oder aus dem Fels herausgehauen. Das hat, wie er meint, seinen Grund in der ägyptischen Konstruktion der Zeit, und diese wiederum erwächst aus den ägyptischen Begriffen von Tod und Unsterblichkeit. Das Wissen um die Sterblichkeit des Menschen läßt die Lebenszeit für den Ägypter zu einem kurzen Augenblick zusammenschrumpfen, für den es nicht lohnt, sich auf Erden aufwendig einzurichten. Dafür investieren sie alle geistigen und materiellen Mittel in die Ewigkeit oder besser unendlich lange Zeit, während derer sie nach ihrem Tod wegen ihrer Tugend im Gedächtnis bewahrt bleiben. In diesem Punkt muß man staunen, wie genau Hekataios die ägyptische Gedankenwelt wiedergibt. Auch im ägyptischen Denken gehören Gedächtnis und Gerechtigkeit zusammen. »Man gedenkt seiner wegen der Tugend«, heißt es in einem literarischen Text des Mittleren Reichs. Ein ägyptisches Sprichwort sagt: »Das Monument (gemeint ist: das wahre Monument) des Menschen ist seine Tugend.« In einer Weisheitslehre heißt es, daß das Grab durch Tugend und Gerechtigkeit gebaut wird.

/ IV. / Die Griechen in den Augen der Ägypter

So wie die Griechen sich lebhaft für die Kultur und das Land der Ägypter interessierten, aber kaum auf den Gedanken kamen, die ägyptische Schrift und Sprache zu erlernen, um die Quellen aus erster Hand studieren zu können, so lernten die Ägypter griechisch, kamen aber kaum auf den Gedanken, sich für das Land und die Kultur der Griechen zu interessieren. Der griechischen ›Ägyptologie‹ entspricht keine ägyptische ›Gräzistik‹. Die Ägypter gaben sich noch nicht einmal die Mühe, die Griechen mit einem präzisen Namen zu bezeichnen. In den hieroglyphischen Texten heißen sie *ḥ3.w-nb.w*, »die in den Sumpflöchern hocken«, eine uralte, halb mythische Bezeichnung für die Bewohner des äußersten Nordens, *ultima Thule*, Hyperboräer. Schon die Reisenden beklagten sich über die reservierte Verschlossenheit, mit der ihnen die ägyptischen Priester begegneten. Den Söldnern und Siedlern werden die Ägypter mit noch weniger Sympathie entgegengekommen sein, auch wenn, und gerade weil, sie sich höchster Protektion erfreuten. Vom 2. Jahrhundert v. Chr. an muß der Haß auf die Griechen gewachsen sein. In den Tempelinschriften werden sie mit Beduinen und anderen verhaßten Eindringlingen in eine Reihe gestellt. So heißt es in einer Inschrift in Dendera, die für viele ähnliche stehen kann:

Verborgene Stätte der Starken im Haus des Sistrums,
wenn die Feinde kommen zum Ort (?).
Nicht betreten die Asiaten *('3mw)* sie,
nicht schädigen die Beduinen *(š3sw)* sie,
und nicht durchwandert der Pöbel sie.
Jedermann, der Böses gegen sie liest,
in dessen Leib wird die Milch der Sachmet sein
(Waitkus, 87)

Ort des Versteckens des geheimen Bildes,
wenn die Asiaten kommen und herabsteigen von außerhalb des ›Versiegelten‹ (Ägyptens)
Die Phöniker nähern sich ihm nicht,
die Griechen *(ḥ3.w-nb.w)* treten nicht ein,
die Sandläufer wandern dort nicht herum.
Nicht liest der Zauberer in seinem Inneren,
und seine Türflügel sind nicht geöffnet außer vor dem Aufseher
(Waitkus, 87)

Die griechische Ägyptomanie ist ein literarisches Phänomen, von dem die wenigsten Ägypter etwas mitbekommen haben werden. Die Wirklichkeit sah anders aus. Das Feindbild des barbarischen Religionsfrevlers, das sich in den vier assyrischen Eroberungen herausbildete und sich dann in der Perserzeit in Gestalt des Osiris-Mörders Seth personifizierte, der den Beinamen ›der Meder‹ erhielt, ließ sich leicht auf die Griechen übertragen. Das Land Ägypten stilisiert sich in der Imagination seiner eingeborenen Bewohner zum Opfer einer mörderischen Attacke, die Jahr für Jahr mit den Mitteln des Ritus überwunden wird. Der Horusmythos von Edfu, dessen festspielartige Aufführung dort das höchste jährlich gefeierte Fest darstellt, läßt Seth Ägypten von Norden her erobern und von Süden her durch Horus zurückgeschlagen werden. Eine Menge anderer Legenden und Mythen lokalisiert die Bedrohung im Norden und das Heil im Süden. Der zentrale, in allen Tempeln des Landes gefeierte Mythos stellt die Wiederherstellung des von Seth in 42 Stücke zerrissenen Osirisleibes dar. Hier findet die politische Theologie eines besetzten und unterdrückten Landes ihren zentralen Ausdruck.

Die Festperiode beginnt mit der Auffindung und Einbalsamierung der zerstreuten Glieder des erschlagenen Osiris, die rituell vereint und belebt werden, und endet mit der Auferstehung des Osiris (das Fest der ›Aufrichtung des Djedpfeilers‹) und der Thronbesteigung des Horus, seines Sohnes und Rächers. Bei diesem Fest geht es thematisch um die Idee der zerrissenen und wiederhergestellten Einheit des Landes.

Die 42 Glieder des Osiris, die in diesem Fest gesammelt, vereinigt und belebt werden, entsprechen den 42 Gauen Ägyptens. Zum Khoiakfest gehört die ›Kanopenprozession‹, in der die personifizierten einzelnen Gaue in feierlicher Prozession das ihnen eigentümliche Körperglied in einer ›Kanope‹ (einer Vase mit figürlichem Deckel) herbeibringen, um den Gottesleib wieder zusammenzusetzen. In den zugehörigen Texten heißt es dann »Ich bringe dir die 42 Städte und Gaue, die deine Glieder sind, das ganze Land ist für dich als Ort deines Körpers gegründet« oder »die 42 Gaue sind deine Glieder«.

So bildeten die Ägypter den zergliederten Körper des Osiris auf die Vielheit der Gaue ab, um im Ritual der Gliedervereinigung die gefährdete kulturelle Einheit, Unversehrtheit und Reinheit des Landes dar- und herzustellen. Diese Wendung ins Politische ist, wie gesagt, für die Endsituation der ägyptischen Kultur charakteristisch, als das Land seine politische Eigenständigkeit verlor und unter die Fremdherrschaft erst der Perser und dann der Griechen und Römer geriet. In dieser Zeit wird die Einheit, Heiligkeit und Permanenz des Landes in vielen Texten und Riten beschworen. Die politische Semantik der Wiedervereinigung einer zerrissenen Einheit unterwanderte in der Endphase der ägyptischen Religion praktisch alle Feste und größeren Rituale. Der Tod des Osiris und die Thronbesteigung des Horus ist ein politischer Mythos. Der Gott Seth verkörpert nicht nur die kosmischen, sondern auch die politischen Chaosmächte, die Assyrer, die Perser, die Griechen und zuletzt die Römer.

Die Griechen und Römer haben sich von diesen mythischen Bildern und Riten tief beeindrucken lassen, ohne sich ihres polemischen Sinns bewußt zu werden. Lukian und verschiedene Kirchenväter erwähnen den Kult der Körperteile, Diodor behandelt ausführlich die Traditionen über die Zerstükkelung des Osiris und die Suche der Isis. Plutarch, wir haben es erwähnt, wendet den Mythos ins Philosophische, Martianus Capella ins Grammatische. Die politische Bedeutung dieser Mythen und Riten, die in den Tempelinschriften der ägyptischen Spätzeit so überdeutlich hervortritt, ist den Griechen völlig entgangen. Daran sieht man, daß die Ägypter den Griechen nicht alles erzählt haben. Wie hätten sie ihnen auch klarmachen sollen, daß sie in ihren Augen zur Welt Typhons gehören?

Eigentümlicherweise sind die Texte, in denen sich der ägyptische Haß auf die Griechen Luft macht, ihrerseits nur in griechischer Sprache überliefert. Das ist zum einen das ›Töpferorakel‹, das zwar von ›Gürtelträgern‹ *(zonophoroi)* spricht, womit scheinbar nur die Perser gemeint sein können, aber aus einer Zeit stammt, in der die Perser für Ägypten keine Rolle spielen. Genauso wie ›der Meder‹ Seth symbolisieren hier die verhaßten ›Gürtelträger‹ die Griechen. Eine andere Kritik des Griechentums findet sich im XVI. Traktat des *Corpus Hermeticum*, der schon in die entpolitisierte Epoche der späten Kaiserzeit gehört. Hier geht es um die Unangemessenheit und Wirkungslosigkeit des Griechischen als Übersetzungssprache ägyptischer Texte:

»Er sagte, daß die Leser meiner Bücher (Hermes Trismegistos spricht) glauben werden, daß sie klar und schlicht geschrieben seien, während sie doch ganz im Gegenteil unklar sind und die Bedeutung der Worte verhüllen und vollkommen dunkel sein werden, wenn eines Tages die Griechen sie aus unserer Sprache in die ihre übersetzen wollen, was zur vollständigen Verzerrung und Verdunkelung des Textes führen wird. In der Originalsprache bringt der Text seine Bedeutung klar zum Ausdruck, denn die reine Lautqualität und die Intonation der ägyptischen Worte enthalten die Kraft der gemeinten Sache.
Laß diesen Text daher unübersetzt, damit diese Geheimnisse den Griechen entzogen bleiben und damit ihre freche, kraftlose und schwülstige Redeweise die Würde und Kraft unserer Sprache und die Energie der Namen nicht zum Verschwinden bringt. Denn die Griechen haben nur leere Reden, gut zum Imponieren, und ihre Philosophie ist bloß geschwätziger Lärm. Wir dagegen, wir gebrauchen nicht Wörter, sondern Laute voller Energie *(phonais mestais ton ergon)*.« (*Corpus Hermeticum* XVI ed. A. J. Festugiere, A. D. Nock, II, 230)

Unverkennbar werden hier Sprach-Charakter und Volks-Charakter in eines gesetzt. Auch der Begriff der ›neugierigen Umtriebigkeit‹ *(periergia)*, vor der die hermetischen Texte warnen, bezieht sich auf eine Eigenschaft, die

die Ägypter an den Griechen verabscheuen. Wohlgemerkt bleibt dabei völlig unklar, ob wir es in diesen griechisch geschriebenen Texten mit einem Ausdruck ägyptischer Griechenkritik oder griechischer Selbstkritik im Spiegel ihres Ägyptenbildes zu tun haben. Bei einem Abschnitt des Traktats *Kore Kosmou* scheint man es mit einem (Selbst?-)Porträt dieses umtriebigen Griechentums zu tun haben, dessen rastlose Neugier kein Geheimnis unaufgedeckt und keinen entzogenen Raum unbetreten lassen kann.

»Das ist ein gewagtes Unternehmen«, sagt Momos, der Gott des Tadels, »den Menschen zu schaffen, dieses Wesen mit den neugierigen Augen und der schwatzhaften Zunge, der hören wird, was ihn nichts angeht, mit dem schnüfflerischem Geruchssinn, der seinen Tastsinn bis zum Exzeß mißbrauchen wird. Soll etwa dieser ohne Sorgen bleiben, um in seiner Skrupellosigkeit *(tolmeros)* die schönen Geheimnisse der Natur betrachten zu können? Willst du ihn frei von Leid leben lassen, damit er seine Absichten bis ans Ende der Welt verfolgen kann? Die Menschen werden die Pflanzen ausreißen und die Beschaffenheit ihrer Säfte prüfen. Sie werden die Natur der Steine untersuchen und die vernunftlosen Lebewesen, ja sogar ihresgleichen aufschneiden um herauszufinden, wie sie gebildet sind. Sie werden ihre frechen Hände bis zum Meer ausstrecken und die Wälder abholzen, um sich von Ufer zu Ufer tragen zu lassen bis zu den Ländern jenseits des Meeres. Sie werden sogar untersuchen, was sich im unzugänglichen Allerheiligsten der Heiligtümer verbirgt. Auch in die Höhe werden sie ihre Forschungen treiben, weil sie beobachten wollen, in welcher Gesetzmäßigkeit sich der Himmel bewegt. Das ist noch wenig. Es bleibt nichts unerforscht bis auf das äußerste Ende der Welt, aber selbst von dort werden sie in die totale Nacht vorstoßen wollen. So soll es denn kein Hindernis für diese Leute geben, sondern sie sollen ohne den Zwang der Sorgen und den Stachel der Furcht in aller Arroganz ein unbeschwertes Leben genießen können! Werden sie aber dann, mit verwegener Neugier bewaffnet, vor dem Himmel haltmachen? Werden sich ihre bedenkenlosen Seelen nicht bis zu den Sternen ausstrekken? So lehre sie doch in Leidenschaft für ihre Pläne zu entbrennen, damit sie das Unglück des Scheiterns fürchten lernen und durch den Schmerz gezähmt werden, wenn ihre Absichten zuschanden werden. Die Neugier ihrer Seelen muß frustriert werden durch Begierden, Ängste, Schmerzen und trügerische Hoffnungen! Ihre Seelen müssen sich verzehren in einer ununterbrochenen Abfolge von Liebesverlangen, verschiedenartigen Hoffnungen, bald erfüllten, bald unerfüllten Begierden, damit nach den Annehmlichkeiten des Erfolgs das Unglück sie nur umso schmerzlicher treffe. Das Fieber soll sie niederwerfen, damit sie mutlos werden und ihre Begierden züchtigen!« Wogegen Momos plädiert, ist die Folgenlosigkeit des Handelns. Hier fühlt sich Hermes, der Gott der Intelligenz, angesprochen. Er schafft Abhilfe, indem er die alles sehende Adrasteia zur Überwachung des Universums einsetzt und darüberhinaus einen ›geheimen Mechanismus‹ *(krypton organon)* konstruiert, »dessen zwingender Notwendigkeit alles auf Erden in Sklaverei unterworfen wird« (48). Gemeint ist die Kausalität. Die Göttin der Vergeltung (Adrasteia) und der ›geheime Mechanismus‹ der Kausalität sollen dafür sorgen, daß nichts auf Erden folgenlos bleibt und auf diese Weise die schrankenlose Neugier der Menschen in Schach halten. Alsbald begann die Maschine sich zu bewegen.

Die Menschen werden in diesem Mythos durch *periergia* = ›Umtriebigkeit‹, Neugier, Wissensdrang, Indiskretion charakterisiert. Sie schrecken vor nichts zurück, kein noch so heiliges Geheimnis ist vor ihnen sicher. Waren schon ihre Seelen »mit skrupelloser Neugier bewaffnet«, so gewinnen sie durch die Sinnenausstattung ihrer Körper noch gefährlichere Möglichkeiten. Nur Vergeltung und Kausalität können sie zügeln, d. h. die bittere Erfahrung, daß jeder Fehler sich rächt und alles Tun Folgen hat.

Die pessimistische Anthropologie ist nicht offen antigriechisch. Aber in der Verteufelung der wissenschaftlichen Neugier, die aus ihr spricht, könnte sich eine typisch ägyptische Reaktion auf das Griechentum Ausdruck verschaffen. In einer anderen Schrift des Corpus Hermeticum, im Traktat *Asclepius*, wird die Heraufkunft eines neuen Menschenschlags geweissagt, der sich, »verführt durch die Klügelei der Sophisten«, von der »wahren, reinen und heiligen Philosophie« der Ägypter abkehren wird, die frei ist von »frecher Neugier des Geistes« *(animi importuna curiositas)*. Derselben Ablehnung der Neugier begegnet man auch in den *Metamorphosen* des Apuleius von Madaurus. Neugier ist die Sünde des Lucius, die seiner Einweihung in die Isis-Mysterien vorerst im Wege steht. Seine Bildung *(doctrina)* nützt ihm nichts, weil sein Wissen auf der falschen Grundlage der Neugier *(curiositas)* beruht. Die Verwandlung in einen Esel ist die Strafe für Neugier. Wenn es um Streben nach höherem Wissen *(studium veri)* geht, darf *curiositas* nicht im Spiel sein.

Daß der Esel für die Ägypter das typhonische Tier schlechthin ist, dürfte kein Zufall sein. Seth verkörpert genau diese Eigenschaft, die die zitierten Texte perhorreszieren, die »freche Neugier des Geistes«. Er zerstört alle Geheimnisse, bricht alle Tabus und profaniert alles Heilige. Die Riten sollen ihn abwehren,

»damit nicht bekannt werde das Stromab- und Stromauffahren der Sonne,
der an Wegen reichen beim Queren des Himmels,
damit nicht die Lade in Heliopolis geöffnet werde
und erblickt wird, was in ihr ist,
damit nicht das Gewand in Memphis gelöst werde
und der Arm des »So-und-so« erblickt wird,
damit die Lampe nicht erlischt in der Nacht des Bösen,
zu jener Zeit, die nicht geschehen möge,
damit nicht die vier Sprüche in Heliopolis bekannt werden,
und der Himmel herabstürzt, wenn er sie hört,
damit nicht das Siegel des Anubis gelöst
und der Ton des Ptah gebrochen wird,
damit nicht das Gebüsch, das als Versteck dient, abgeschnitten werde,
um den zu vertreiben, der sich in ihm verborgen hält«
usw. (pLouvre 3129, J, 38–57; pBM 10252, 11,3–34 ed. Schott [1939], S.120–129)

Von dieser frevlerischen Neugier des Seth erzählt auch der Mythos von der Flucht der Götter, die sich vor ihm in Tiergestalten versteckt hätten. Diodor ersetzt in seiner Wiedergabe ›Seth‹ durch ›die Menschen‹, so wollte er die Geschichte in Ägypten gehört haben. Für die Ägypter waren die Mythen und Riten um den Gott Seth immer auf die aktuelle politische Situation hin transparent. In diesen Riten drückten und agierten sie ihre Phobien aus gegenüber den zerstörerischen Mächten, von denen sie sich bedroht fühlten und zu denen sie, daran ist wohl kein Zweifel, auch und vom Ende des 3. Jahrhunderts v. Chr. vor allem die Griechen zählten.

Die entscheidende Bedrohung, der die altägyptische Kultur denn auch zum Opfer fiel, stellte das Christentum dar, das in Ägypten sehr schnell Fuß faßte. In der *Apokalypse* des hermetischen Traktats *Asclepius* kommt vermutlich schon die heidnisch-ägyptische Reaktion auf das heraufziehende Christentum zum Ausdruck. Der Text ist in griechischer, lateinischer und koptischer Sprache überliefert. Er handelt von der Macht der Götterbilder, die zwar von Menschenhand gefertigt sind, aber doch alles andere als ›tote Materie‹ darstellen, haben sie doch die Kraft, eine Verbindung zu den göttlichen Mächten herzustellen und sie für die Dauer des Rituals auf Erden zu vergegenwärtigen. Die Bilder sind Medien der Herstellung von Gottesnähe. Sie stehen im Kontext eines Kults, dessen Ziel es ist, die himmlischen Vorgänge auf Erden abzubilden und die Götter vom Himmel auf die Erde herabzuholen. Durch diesen Kult und die vielen Bilder wird ganz Ägypten zum ›Tempel der Welt‹, in dem die Götter Wohnung nehmen, solange und insofern diese unablässige Bemühung nicht abreißt. Und doch, fährt der Text dann fort,

»wird eine Zeit kommen, wenn es so aussieht, als hätten die Ägypter vergeblich die Gottheit verehrt mit frommem Herzen und unablässiger Hingabe und alle heilige Hinwendung zu den Göttern wird vergeblich und ihrer Früchte beraubt sein. Denn die Gottheit wird von der Erde wieder zum Himmel aufsteigen und Ägypten verlassen. Dieses Land, einst der Sitz der Religion, wird nun der göttlichen Gegenwart beraubt sein. Fremde werden dieses Land bevölkern, und die alten Kulte werden nicht nur vernachlässigt, sondern geradezu verboten werden. Von der ägyptischen Religion werden nur Fabeln übrig bleiben und beschriftete Steine. ... In jenen Tagen werden die Menschen des Lebens überdrüssig sein und aufhören, den Kosmos *(mundus)* zu bewundern und zu verehren. Dieses Ganze, so gut, daß es nie etwas Besseres gab, gibt noch geben wird, wird in Gefahr sein, unterzugehen, die Menschen werden es für eine Last ansehen und es verachten. Sie werden diese Welt, das unvergleichliche Werk Gottes, nicht länger lieben, diesen glorreichen Bau, gefügt aus einer unendlichen Vielfalt von Formen, Instrument *(machina)* des göttlichen Willens, der seine Gunst rückhaltlos in sein Werk verströmt, wo sich in harmonischer Vielfalt alles, was der Anbetung, Lobpreisung und Liebe wert ist, als Eines und Alles zeigt. Finsternis wird man dem Licht vorziehen und Tod dem Leben. Niemand wird seine Augen zum Himmel erheben. Den Frommen wird man für verrückt halten, den Gottlosen für weise und den Bösen für gut ... Die Götter werden sich von den Menschen trennen – o schmerzliche Trennung! – und nur die bösen Dämonen werden zurückbleiben, die sich mit den Menschen vermischen und die Elenden mit Gewalt in alle Arten von Verbrechen treiben, in Krieg, Raub und Betrug und alles, was der Natur der Seele zuwider ist.

In jenen Zeiten wird die Erde nicht länger fest sein und das Meer nicht mehr schiffbar, der Himmel wird die Sterne nicht in ihren Umläufen halten noch werden die Sterne ihre Bahn im Himmel einhalten; jede göttliche Stimme wird notwendig zum Schweigen kommen. Die Früchte der Erde werden verfaulen, der Boden wird unfruchtbar werden und die Luft selbst wird stickig und schwer sein. Das ist das Greisenalter der Welt: das Fehlen von Religion *(inreligio)*, Ordnung *(inordinatio)* und Verständigung *(inrationabilitas)*.«

(*Asclepius*, 24 bis 26)

Bibliographische Notiz

Die folgende Aufstellung gibt keine erschöpfende Bibliographie des Gegenstandes, sondern nennt nur die für diese Skizze benutzten Werke.

Antike Autoren

Die Werke von Diodor, Herodot, Platon, Plutarch liegen in den bekannten Ausgaben der Collection Budé, Loeb Classics, Oxford und Teubner vor und werden im Folgenden nicht aufgeführt.

Ammianus Marcellinus hrsg. v. Heinemann, übers. v. J.C. Rolfe, Cambridge 1935

Apuleius v. Madauros: J. G. Griffiths, Apuleius of Madauros, The Isis-Book (Metamorphoses, Book XI), Leiden 1975

Artapanos, Manetho u.a. s. M. Stern, Greek and Latin Authors on Jews and Judaism, 3 Bde., Jerusalem 1974–1984

Chairemon hrsg. v. P.W. van der Horst, Chaeremon. Egyptian Priest and Philosopher, Leiden 1984

Corpus Hermeticum hrsg. v. A.D. Nock, A.J. Festugière, Hermès Trismégiste, 4 Bde., Collection Budé, Paris 1945–1954. Neuere kommentierte Übersetzungen von B.P. Copenhaver, Hermetica. The Greek Corpus Hermeticum and the Latin Asclepius in a new English translation with notes and introduction, Cambridge 1992 und C. Colpe u. J. Holzhausen, Das Corpus Hermeticum Deutsch, in: Clavis Pansophiae 7, Stuttgart-Bad Cannstatt 1997

Heliodorus v. Emesa, Aithiopika, hrsg. v. R.M. Rattenburg und T.W. Lumb, Collection Budé, Paris 1935–1943, übers. v. O. Weinreich, Reinbek 1962

Herodot, A.B. Lloyd, Herodotus Book II, Commentary 1–98, EPRO 43, Leiden 1976

Horapollon Nilotes, Hieroglyphica. Textausgabe: F. Sbordone, Hori Apollinis Hieroglyphica, Neapel 1940; engl. Übers.: G. Boas, The

Hieroglyphics of Horapollo, Princeton 1950, Nachdr. 1993; zweisprachige Taschenbuchausgabe griechisch-italienisch: Orapollo, I Geroglifici, Introduzione, traduzione e note di M.A. Rigoni e E. Zanco, Mailand 1996

Jamblichos, De Mysteriis, hrsg. v. E. des Places, Collection Budé, Paris 1989

Josephus Flavius. Contra Apionem, hrsg. v. G.P. Gould, übers. v. H.S.J. Thackeray. Cambridge 1926, Nachdr. 1976

Plutarch, De Iside et Osiride, J.G. Griffiths, Plutarch De Iside et Osiride, Cardiff 1970

Porphyrios, De Abstinentia, hrsg. v. J. Bouffartigue und M. Patillon, Paris 1977

ders., Epistola ad Anebonem, hrsg. v. A.R. Sodano, Neapel 1958

Strabon, H., L.J., The Geography of Strabo, 8 Bde., Cambridge, Mass. und London, 1932; 1935; J. Yoyotte, P. Charvet, S. Gompertz, Strabon. Le Voyage en Egypte. Un regard romain, Paris 1997

Die wichtigsten Beiträge zum Thema sind

Burstein, S.M., Graeco-Africana. Studies in the History of Greek Relations with Egypt and Nubia, New Rochelle und Athen o.J.

Fowden, G., The Egyptian Hermes. A historical approach to the late pagan mind, Cambridge 1986

Froidefond, C., Le mirage égyptien dans la littérature grècque d'Homère à Aristote, Aix en Provence 1971

Hartog, F., Les Grecs égyptologues, in: Annales ESC 41, 1986, 953–967

ders., Voyages d'Egypte, in: Mémoire d'Ulysse, Récits sur la frontière en Grèce ancienne, Paris 1996

Hornung, E., Das esoterische Ägypten. Das geheime Wissen der Ägypter und sein Einfluß auf das Abendland, München 1999

Iversen, E., The Myth of Egypt and its Hieroglyphs, Kopenhagen 1961; Neudr. Princeton 1993

Morenz, S., Die Begegnung Europas mit Ägypten, mit einem Beitrag von Martin Kaiser, Herodots Begegnung mit Ägypten, SSAW Leipzig 113,5, Berlin 1968

Smelik, K. A. D., E. A. Hemelrijk, "Who knows not what monsters demented Egypt worships?" Opinions on Egyptian Animal Worship in Antiquity as Part of the Ancient Conceptions of Egypt, in: ANRW II.17.4, Berlin 1984, 1852–2000, 2337–2357

I. Die historischen Rahmenbedingungen

1. Vorspiel: Ägypten und die ägäische Welt im 2. Jahrtausend v. Chr.

Bietak, M., Avaris and the Aegean in the Early 18th Dynasty. New Finds from Tell el-Daba', Seventh International Congress of Egyptologists, Abstracts of Papers, 1995

Helck, W., Die Beziehungen Ägyptens und Vorderasiens zur Ägäis bis ins 7. Jh. v. Chr., Darmstadt 1979

Osing, J., La liste des toponymes égéens du temple funéraire d'Aménophis III, in: Aspects de la culture pharaonique, Quatre lecons au Collège de France, Mém. de l'Ac. des Inscr. et Belles-Lettres N.S. XII, 1992, 25–36

Strange, J., Caphtor/Keftiu. A New Investigation, Leiden 1980

Vercoutter, J., L'Egypte et le monde égéen préhellénique, BiEtud 22, IFAO, Kairo 1956

Wachsman, S., Aegeans in Theban Tombs, in: OLA 20, 1987

2. und 3. Die Saïtenzeit und Perserzeit

Bernand, A., Le Delta Égyptien d'après les textes grecs, I Les confins lybiques, 3 Bde., MIFAO 91, Kairo 1970

Laronde, A., Mercenaires grecs en Egypte à l'époque Saïte et à l'époque perse, Colloque Entre Egypte et Grece, Cahiers de la villa »Kérylos« 5, Paris 1995, 29–36

Manuelian, P. Der, Living in the Past. Studies in the Archaism of the Egyptian Twenty-Sixth Dynasty, London 1994

4. Die frühe Ptolemäerzeit: Die Griechen als Befreier

Burstein, S.M., Alexander in Egypt: Continuity and Change, Graeco Africana, 43–52 (plädiert für eine ägyptische Propaganda gegen Alexander, vgl. auch das Kapitel »Pharaoh Alexander: A Scholarly Myth«, ibd., 53–62)

Hölbl, G., Geschichte des Ptolemäerreiches, Darmstadt 1994

Koenen, L., The Dream of Nektanebos, in: BASP 22, 1985, 192f.

Merkelbach, R., Die Quellen des griechischen Alexanderromans, München 1977, 77–88

5. Die spätere Ptolemäerzeit: Die Griechen als Besatzungsmacht

Dunand, F., L'oracle du potier et la formation de l'apocalyptique en Egypte, in: M. Philonenko (Hrsg.), L'Apocalyptique. Etudes d'histoire des religions 3, Paris 1977, 54–56

Frankfurter, D., Elijah in Upper Egypt. The Apocalypse of Elijah and Early Christianity, Minneapolis 1993

Koenen, L., Die Prophezeiungen des Töpfers, in: ZPE 2, 1968, 178–209

ders., The Prophecies of a Potter: A Prophecy of World Renewal becomes an Apocalypse, in: XII.th Intern. Congr. of Papyrology, Toronto 1970, 249–254

Merkelbach, R., Isis regina – Zeus Sarapis, Die griechisch-ägyptische Religion nach den Quellen dargestellt, Stuttgart 1995
Zauzich, K.Th., Das Lamm des Bokchoris, in: Papyrus Erzherzog Rainer: Festschrift zum 100-jährigen Bestehen der Papyrussammlung der Oesterreichischen Nationalbibliothek, Wien 1983, 165 ff.; ders., LÄ III, 912f.

II. Geschichte und Texte

Burstein, S. M., Hecataeus, Herodotus, and the Birth of Greek Egyptology, in: Graeco-Africana. Studies in the History of Greek Relations with Egypt and Nubia, New Rochelle und Athen o. J., 3–18
Fowden, G., The Egyptian Hermes. A historical approach to the late pagan mind, Cambridge 1986
Schäfer, P., Die Manetho-Fragmente bei Josephus und die Anfänge des antiken ›Antisemitismus‹, in: G. W. Most (Hrsg.), Collecting Fragments – Fragmente Sammeln, Göttingen 1997, 186–206
ders., Judaeophobia. The Attitude towards the Jews in the Ancient World. Cambridge, Mass., 1997
Sternberg-el Hotabi, H., Der Untergang der Hieroglyphenschrift. Schriftverfall und Schrifttod im Ägypten der griechisch-römischen Zeit, in: CdE 69, 1994, 218–248

III. Die großen Themen

1. Theologie

Hani, J., La religion égyptienne dans la pensée de Plutarque, Paris 1976

Herodot über die Artikulation der Götterwelt

Bergman, J., Beitrag zur Interpretatio Graeca: Ägyptische Götter in griechischer Übertragung, in: S. S. Hartman (Hrsg.), Syncretism, Stockholm 1969, 207–227

Burkert, W., Herodot über die Namen der Götter: Polytheismus als historisches Problem, in: Mus. Helv. 1985, 121–132

Kolta, K. S., Zur Gleichstellung ägyptischer und griechischer Götter bei Herodot, Diss. 1968

Lattimore, R., Herodotus and the names of the Egyptian gods, in: Class. Phil. 34, 1939, 357–365

Linforth, I. M., Greek Gods and Foreign Gods in Herodotus, Berkeley 1926–1929

Obsomer, L., Herodote et les prêtres de Memphis, in: Egyptian religion. The last thousand years II. Or. Lov. Analecta 85, 1998, 1423–1442

Politische Theologie

Droge, A. J., Homer or Moses? Early Christian Interpretations of the History of Culture, Tübingen 1989

Störk, L., Die Flucht der Götter, in: Göttinger Miszellen 155, 1996, 105–108

Geheimhaltung und Mysterium

Burkert, W., Antike Mysterien. Funktionen und Gehalt, 3. Aufl., München 1994

Isis und Sarapis

Merkelbach, R., Isis regina – Zeus Sarapis, Die griechisch-ägyptische Religion nach den Quellen dargestellt, Stuttgart 1995

Zuntz, G., Aion – Gott des Römerreichs, in: Abh. Heidelb. Akad. d. Wiss. 1989.2

Die Mysterien der Isis

Bergman, J., Per omnia elementa remeavi, in: U. Bianchi und M. J. Vermaseren (Hrsg.), La soteriologia dei culti orientali nell' impero Romano, Leiden 1982, 671–702

Bernand, E., Inscriptions métriques de l'Égypte gréco-romaine, Paris 1969

Dunand, F., Le syncrétisme isiaque à la fin de l'époque hellénistique, in: F. Dunand, P. Levêque (Hrsg.), Les syncrétismes dans les religions grecque et romaine, Colloque de Strasbourg, Bibliothèque des Centres d'Études supérieures spécialisés, Paris 1973, 79–93

Hornung, E., Altägyptische Wurzeln der Isismysterien, in: Hommages à Jean Leclant 3, Etudes Isiaques, Kairo 1994, 287–293

Junge, F., Isis und die ägyptischen Mysterien, in: W. Westendorf (Hrsg.), Aspekte der spätägyptischen Religion, Wiesbaden 1979, 93–115

Totti, M., Ausgewählte Texte der Isis-Serapis-Religion, in: Subsidia Epigrapha XII, 1985, 76–82

Vanderlip, V. F., The Four Greek Hymns of Isidorus and the Cult of Isis, American Studies in Papyrology XII, Toronto 1972

Vogliano, A., Primo Rapporto degli scavi condotti dalla Missione archeologica d'Egitto della R. universita di Milano nella zona di Madinet Madi, Mailand 1936

2. Priestertum als Lebensform

van der Horst, P.W., Chaeremon, Egyptian Priest and Stoic Philosopher, in: EPRO 101, Leiden 1984

3. Politeia. Königtum, Stände und Kasten, Recht und Gesetze

Meyer, E., Ägyptische Dokumente aus der Perserzeit, Sitzungsberichte der kgl. Preuss. Akd. Wiss. XVI, 1915, 304ff.

Meyer, R., Die eschatologische Wende des politischen Messianismus im Ägypten der Spätzeit, in: SAECULUM 48, 1997, 177–212

Spiegelberg, W., Die sogenannte Demotische Chronik des Pap. 215 der Bibliothèque Nationale zu Paris nebst den auf der Rückseite des Papyrus stehenden Texten, Leipzig 1914, 30–32

4. Die Nilüberschwemmung

Balty, J., Thèmes nilotiques dans la mosaïque du Proche-Orient, in: Alessandria e il mondo ellenistico-romano III (Festschrift A. Adriani), Rom 1984, 827–834

Barguet, P., Les stèles du Nil au Gebel Silsileh, in: BIFAO 50, 1952, 50–57

Beinlich, H., Die Nilquellen nach Herodot, in: ZÄS 106, 1979, 11–14

Bonneau, D., La Crue du Nil, Paris 1964

Hermann, A., Der Nil und die Christen, in: Jahrbuch für Antike und Christentum 2, 1959, 30–69, esp. 56–69

La mosaique Greco-romaine I, Paris 1965; II, Paris 1975

Meyboom, P.G.P., The Nile Mosaic of Palestrina. Early Evidence of Egyptian religion in Italy, Leiden 1995

Schefold, K., Die Wände Pompejis, Berlin 1957

Stricker, B.H., De overstroming van de Nijl, Mededelingen en verhandelingen van het voor-aziatisch-egyptisch genootschap, in: Ex Oriente Lux 11, Leiden 1956

5. Grammatologie

Burstein, S.M., Images of Egypt in Greek Historiography, in: A. Loprieno (Hrsg.), Ancient Egyptian Literature – History and Forms, Leiden 1996, 591–604, 604 n. 62, 65

Eisler, R., Platon und das ägyptische Alphabet, in: Archiv für Philosophie 34, 1922, 3–13

Iversen, E., The Myth of Egypt and its Hieroglyphs, Kopenhagen 1962

Kurth, D., Die Lautwerte der Hieroglyphen in den Tempelinschriften der griechisch-römischen Zeit, in: ASAE 69, 1983, 287–309

Marestaing, P., Les écritures égyptiennes, Paris 1913

Sauneron, S., L'écriture figurative dans les textes d'Esna. Esna VIII. Kairo 1982

Thissen, H.J., »...aiguptiazwn th fwnh...« Zum Umgang mit der ägyptischen Sprache in der griechisch-römischen Antike, in: ZEP 97, 1993, 239–252

ders., Horapollinis Hieroglyphika Prolegomena, in: M. Mina und J. Zeidler (Hrsg.), Aspekte spätägyptischer Kultur, Festschrift Erich Winter, Mainz 1994, 255–263

ders., Vom Bild zum Buchstaben – vom Buchstaben zum Bild. Von der Arbeit an Horapollons Hieroglyphika, AWL Mainz 1988 Abh. Nr. 3

Vergote, J., Clément d'Alexandrie et l'écriture égyptienne, in: Chronique d'Égypte 16, 1941, 21–28

van der Walle, B., J. Vergote, Traduction des Hieroglyphica d'Horapollon, in: CdE 18, 1943, 39–89 und 199–239

Winter, E., Hieroglyphen, in: Reallexikon für Antike und Christentum

6. Totengericht

Merkelbach, R., Diodor über das Totengericht der Ägypter, Siegfried-Morenz-Gedächtnisvorlesung, gehalten am 11.5.1992 an der Universität Leipzig, in: Zeitschrift für ägyptische Sprache und Altertumskunde 120, 1993, 71–84

IV. Die Griechen in den Augen der Ägypter

Beinlich, H., Die »Osirisreliquien«. Zum Motiv der Körperzergliederung in der altägyptischen Religion, Wiesbaden 1984

Schott, S., Urkunden mythologischen Inhalts (= Urkunden des Ägyptischen Altertums, VI. Abteilung), Heft 2, Bücher und Sprüche gegen den Gott Seth, Leipzig 1939

Waitkus, W., Die Texte in den unteren Krypten des Hathortempels von Dendera, Münchner Ägyptologische Studien 47, Mainz 1997